“十三五”国家重点出版物出版规划项目

图解服务的细节
037

儲かる飲食店の数字

不懂大数据，怎么做餐饮？

［日］河野祐治 著
尹娜 译

人民东方出版传媒
People's Oriental Publishing & Media
東方出版社
The Oriental Press

图书在版编目（CIP）数据

不懂大数据，怎么做餐饮？/（日）河野祐治 著；尹娜 译.
—北京：东方出版社，2016.5
（服务的细节；37）
ISBN 978-7-5060-9026-1

Ⅰ.①不… Ⅱ.①河… ②尹… Ⅲ.①饮食业—商业经营 Ⅳ.①F717.5

中国版本图书馆 CIP 数据核字（2016）第 108019 号

服务的细节 037：不懂大数据，怎么做餐饮？
（FUWU DE XIJIE 037: BUDONG DASHUJU, ZENME ZUO CANYIN?）

作　　者：[日] 河野祐治
译　　者：尹　娜
责任编辑：崔雁行　高琛倩　王高婷
出　　版：东方出版社
发　　行：人民东方出版传媒有限公司
地　　址：北京市东城区朝阳门内大街 166 号
邮　　编：100010
印　　刷：北京明恒达印务有限公司
版　　次：2016 年 6 月第 1 版
印　　次：2022 年 12 月第 6 次印刷
开　　本：880 毫米 ×1230 毫米　1/32
印　　张：6.25
字　　数：130 千字
书　　号：ISBN 978-7-5060-9026-1
定　　价：38.00 元
发行电话：（010）85924663　85924644　85924641

前 言

根据总务省（日本的中央省厅之一，其主要管理范围包括行政组织、公务员制度、地方行财政、选举制度、信息通信、邮政事业、统计等。）的资料，日本餐饮店的店铺数由1991年高峰时的约85万家，减少到2006年的约65万家。但是，在此期间，由于大型连锁企业的总店铺数量在增加，所以我们可以得出这一结论：中小型的餐饮店是以高于平均减少数的水平在减少。

从餐饮店的开店与关店数量来看，有这样一种说法，那就是——近几年新诞生了5万家餐饮店的同时，也有6万家餐饮店关门退市。也就是说，每年有1万家餐饮店关门，约有1成的餐饮店在被不断淘汰。而且，新开业的餐饮店中7~8成，在开业后的3年内就会面临关门的窘境。开业3年后能生存下来的店占2~3成，也就是，开业3年内的餐饮店一个接一个地面临被淘汰的命运。再者，10年后仍生存下来的餐饮店大约只有1成左右。

为什么7~8成左右的餐饮店在开业3年内就被迫关店了？

一言蔽之，与其他行业相比，餐饮店大多属于无计划的开业。而且，笔者对面临关店窘境的餐饮店进行调查时发现，这样的餐饮店大致可以分为以下3类。

①“突飞猛进！讨厌数据的糊涂账类型”

②“靠运气却缺乏持久性的主观臆断型”

③“方向错误的埋头苦干型”

基于我平时担任餐饮店经营顾问的经验，导致餐饮店倒闭的最大原因，就是①“突飞猛进！讨厌数据的糊涂账类型”的经营模式。客人的上座率并不差，但是“为什么没有钱结余下来？”“手头一直很紧”就是这种类型。对于会计或财务数字缺乏理解或是错误理解，就会使为经营而付出的努力付之东流。

也有人会这么说：“靠数据无法做生意。做生意需要为顾客付出真心。”当然，我也赞成这种说法。虽没有争辩谁是谁非之意，但是，针对如前所述店铺减少的现实，单靠抽象的指导是无法拯救店铺的。

迄今为止，很多店铺把主要精力放在新菜品的开发或销售额的提升上而忽略了经营的数据，正因为这样，我才看到有很多店铺被迫关门的例子。我希望阅读本书的餐饮店经营者与店长不要有这样的经历。

实际上，让餐饮店成功经营下去的要点无非是以下两点，只要实践这两点即可。

①保持充满魅力且浅显易懂的“理念”

②对“数字”变得敏锐

①所说的“理念”是让经营走向成功的不可或缺的因素，从店铺的经营模式、接待模式乃至店铺的设计风格，都是基于此理念之上的。

②所说的“数字”中比较重要的是，切实管理好店铺的销售额与支出等收支情况。“数字”里面特别需要把握好的是“收益率”和“FLR成本”这两项。为什么这么说呢？因为收益率表示收益能力与投资的回收率，餐饮业大致是由三大成本（F=成本价、L=人工费、R=房租）来决定收益能力的。

本书将对重要的“理念”“数字”，也会对“收益率”“FLR成本”等进行详细解说。本书的目的不在于“数字的学习”，而是为了各位读者能够掌握企业盈利所必须的要点，也希望各位读者不要有“都是因为当初没有这些知识才导致店铺关门”这样的遗憾。

各位亲爱的读者朋友，请您通过对经营数字的理解，迈出店铺盈利的第一步吧。与此同时，也期待您能够从本书中得到一些店铺经营方面的启发，若能如此，将不胜荣幸。

河野祐治（餐饮店繁盛会）

2010年12月

CONTENTS

第2章 抓住与“盈利”相关的数据

针对利润与开销的基本思考方法

第3章 抓住与提高销售额&利润相关的数字

顾客分析和有效的集客方法

第4章 把握好人员和店内空间的相关数据

通过人员管理和店铺整理有效地提高销售额

卷末资料

餐饮店常用表格

抓住基本数据把店铺的数字填进去试试看吧

第 1 章

店铺盈利从熟悉各种数据开始

唯有抓住这个要点才能盈利

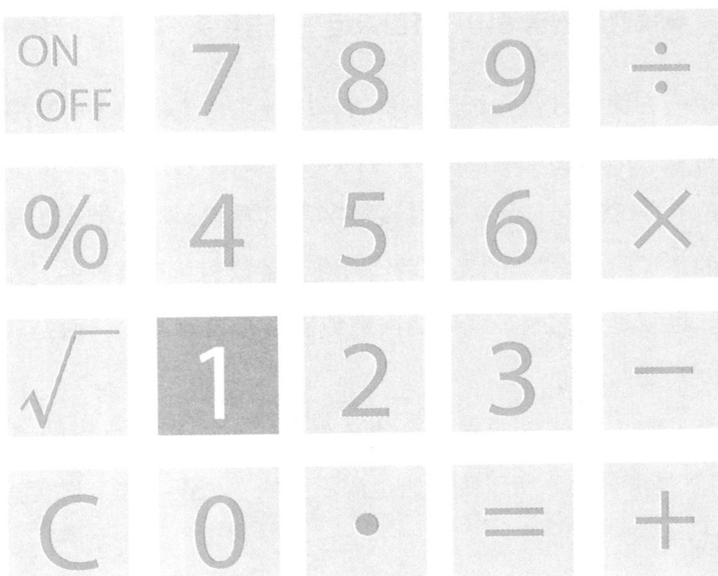

1-1 餐饮界竞争激烈！？顾客到底在哪里？

在对经营餐饮店所必须掌握的数据进行说明之前，首先让我们简单地看一下餐饮业界目前的状况吧。

●在外就餐出现减少倾向

据食品安全与安心财团的附属机构——外食产业综合调查研究中心的报道，在外就餐这一市场规模由高峰期 1997 年的 29 兆 702 亿日元开始逐年减少，2009 年为 23 兆 9,156 亿日元。特别是居酒屋和酒吧出现了急速下滑。

●餐饮店的销售中“打包带走”独占鳌头

一方面，打包盒饭或熟食店、以外卖为主的快餐等“餐饮零售业”的市场规模由 1997 年的 4 兆 3,000 亿日元增加至 2009 年的 6 兆 858 亿日元。通过该数字可以看到，打包带走（即所谓的“买回家吃”）的人在增加，在“餐饮店”里就餐的人在减少。也就是说，顾客就餐的次数或者数量没有减少，而是就餐的方式发生变化。

了解上述情况后有的餐饮店经营者们会发出这样的感慨：“果然是那样啊，所以我们店也赚不到钱。”“没办法，现实就是如此……”

但是在这种状况下，所谓容易受经济景气与否情况影响的大型企业暂且不论（即便是大型企业也有业绩出色的），中小规模店，特别是私人餐饮店，实际上与经济景气与否没有太大关系。即便是所谓销售业绩大幅下滑的“居酒屋和酒吧”中也有很多生意兴隆的店铺。

说起来，即使外出就餐次数在减少，但也并非减少到零。比如，由原来每月外出就餐 5 次减少到 3 次，也就是说，你的店铺要么成为剩下的五分之三，要么成为被淘汰的五分之二。私人餐饮店中成为被淘汰的那五分之二，说明店家与顾客之间的关系比较一般。

但是，公款消费占大头的餐饮店，也就是靠公司交际费与社交费维持的店铺现在确实陷入了困境。但是，那仅仅是因为客人对店铺做出了这样的评价：“那家店铺，如果公司报销的话我会去吃，但若是自费我肯定不会去。”

餐饮服务行业的市场规模变化

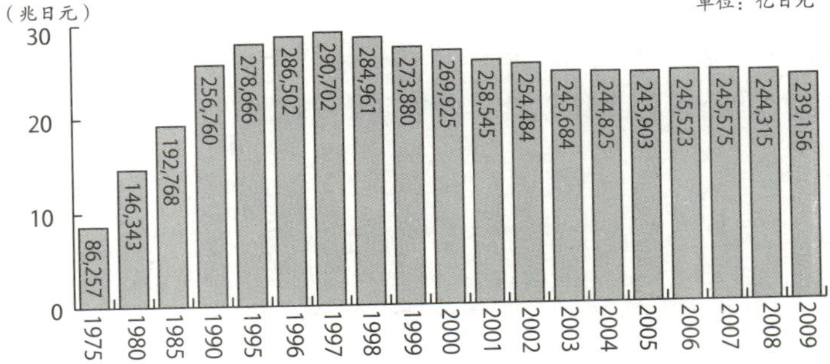

（出处）餐饮服务行业综合调查研究中心

1-2 中小餐饮店容易倒闭？

●餐饮业是怎样运作的？

首先，来好好理解一下餐饮业的特征吧。

餐饮业的特征

①开业 3 年后的生存率为 2~3 成

②不管好坏都是现金交易

③迄今为止都是靠“等顾客上门”维持生意的（从顾客决定进店时生意才能做成，主动性欠佳。）

④借款依存度最高

针对①，在“前言”部分已经陈述过，餐饮业的现实就是中小餐饮店中大约 7~8 成在开店 3 年内都会被迫关门。其主要原因就是经营的无计划性。没有提前制订好计划就开店的例子不在少数。

餐饮业是日常生活中经常接触的买卖，使人容易产生对其难度的低估，不经过切实的预判或计划，只要具备资金任何人都可以开店。其结果当然是失败的例子居多。

针对②，不言而喻，现金交易的好处是资金回收情况良好。

为顾客上菜或提供服务后顾客付钱埋单，没有特殊情况的话，一般当天当场就可以回收资金。

本来，如果有计划地进行经营管理的话，餐饮业是不容易倒闭的业种。因为餐饮业的强项是人们常说的“餐饮业是现金交易”，可以从收入进来的销售额中来支付开销。

理所当然，所谓现金交易就是“销售额 = 现金”的意思。简言之，销售额的“进账”在先，支付开销等的“出账”在后。其优点是，作为就餐费用的现金先行入账，然后再支付购买食材的费用或水电煤费、房租等即可。

另一方面，在制造业或者建筑业等行业，金钱流向与餐饮业相反，支付开销等的“出账”在先，作为销售额的“入账”在后。有时候入账必须要等待 3 个月或半年。也就是说，由于“出账”在先，所以需要周转资金。从这点来看，可以说餐饮业比其他行业更具有吸引力。餐饮业，可以用“入账”的钱来支付必要开支的“出账”，所以没有周转资金的概念。

但是，不需要周转资金也不完全是优点。其他行业需要周转资金，所以经营者对资金运转颇为敏感，相较之下，餐饮业在资金运转要求上相对宽松，因此容易产生糊涂账。“最近账目上的数字不是很好看”“销售额在逐步下降”“总感觉手头资金紧张”就算发生诸如此类的情况，由于餐饮业是现金生意，不管怎样，眼前的问题总能过去，也就容易让人产生“姑且先这样解决”的想法。这种状态会放缓应对危机的意识，等觉察到

餐饮业与其他行业的不同风险

因为餐饮业是现金交易，所以等注意到资金运转恶化的时候为时已晚

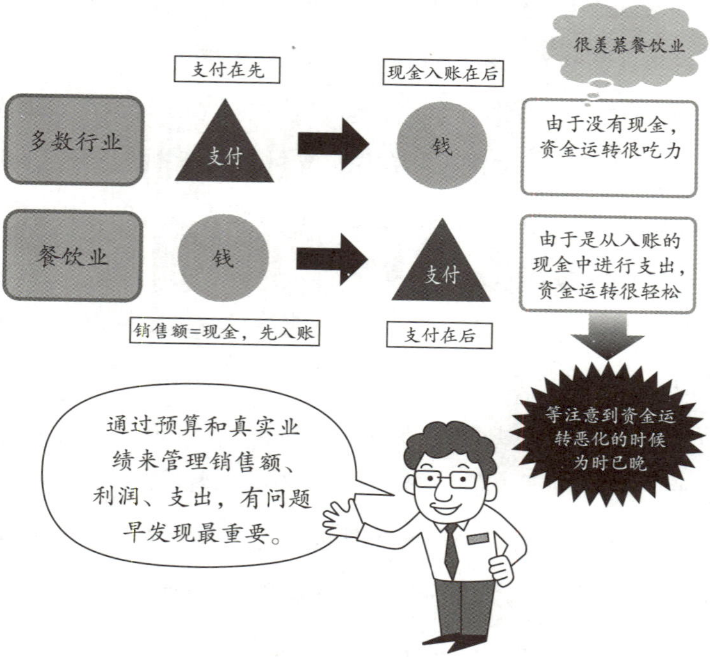

危机时，事态往往已经陷入无可挽回的境地了。

综上所述，餐饮店的经营若能很好地进行资金循环流动的话，便是资金回收很快的生意。但是如果忘记一定有必要开支的产生，每天在糊涂账中做生意的话，就有陷入收支失衡的随意经营的危险之中。

6 成的餐饮店处在无为而治的状态

针对③提到的被动等待顾客这一点，原本餐饮店就是在顾客进店时才会产生销售额。与零售业不同的是，餐饮业没有浏览橱窗一说，所以容易造成“被动等待”的局面。总之，中小餐饮店中被动等待的倾向较大，这也是无法提升销售额的重要原因之一。

《日经 MJ》上登载的报道中写道，“60% 的餐饮店没有做任何欢迎、欢送会的对策”“甚至连拍纪念照片这种简单的服务，也只有 1 成的店在做”。（2010 年 3 月 26 日号）

数据中提到的比例不仅限于欢迎、欢送会，我认为餐饮店中其他的主题活动也应该是相同比例。嘴上说生意不好却不积极采取措施（或者不知道该如何改善才好），只是一味哀叹或是祈祷，这样的餐饮店占了大多数。而且，将餐饮店的业绩不佳怪罪在经济不景气或天气不好等外部因素上，最终只是停留在嘴上发牢骚而已。

哪怕有一些懈怠，都会错失抓住顾客的时机。不过，“盲目的努力”是没有任何效果的。

1-3 不能拘泥于表面上的销售额与利润

A 店与 B 店，真正盈利的是哪家？

现在，就算把钱存在银行里，利息高的情况下大概是 0.09%，定期存款大概是 0.4%（各金融机构略有差异）。基于此利率，假设有 A 店与 B 店两家店铺。

A 店投资 2,000 万日元年销售额为 4,000 万日元，盈利 700 万日元。B 店投资 5,000 万日元年销售额为 8,000 万日元，盈利 1,000 万日元。

仅仅凭直观感觉的话，A 店的年收益为 700 万日元，B 店则

到底哪家店真正盈利？

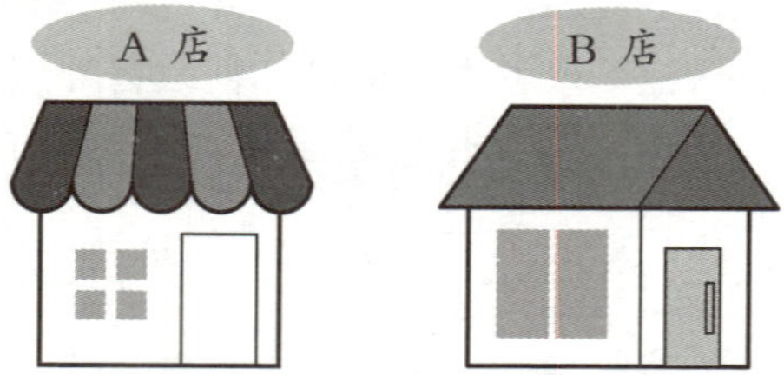

	A 店	B 店
投资额	2,000万日元	5,000万日元
年销售额	4,000万日元	8,000万日元
年利润	700万日元	1,000万日元

为 1,000 万日元，所以容易让人认为 B 店比 A 店赚钱。但是，计算投资额与收益率的比例的话，A 店投资 2,000 万日元获利 700 万日元，所以收益率是 35%（700 万 ÷2,000 万 ×100%），B 店投资 5,000 万日元获利 1,000 万日元，收益率为 20%（1,000 万 ÷5,000 万 ×100%）。从收益率来看，A 店比 B 店高。收益率能反映盈利能力，也能反映出资本的回收率。

下面我们来具体分析一下。为了能简单地说清楚问题，我们假设投资金额全部作为利润回收，不考虑借款而产生的利息。

A 店的收益率为 35%，所以投资回收率为 2.9 年（100% ÷ 35%）；而 B 店的收益率为 20%，投资回收率为 5 年（100% ÷ 20%）。也就是说，A 店会更快地收回投资。如果收益率 20% 为最低目标，这样的收益率需要 5 年收回投资。B 店刚好超过最低目标，A 店则实现了更高的盈利能力与投资收益率。我在指导餐饮店经营时，一般将收益率设在 30%，也就是说大约 3 年能收回投资。

所谓的“一本万利”是指收益率在 40% 以上（2.5 年收回投资）。其中也有人实现利润率在 100% 的（1 年就收回投资）。

盈利业态的收益率是多少？

盈利业态 = 高收益率

最低为 20% 以上 → 超过 40% 就是一本万利

所谓的“行业盈利能力”就是指收益率高，独家经营权与加盟费的对价也在此范畴。也有这样的指标，即：每坪（坪为日本面积计量单位，1 坪约合 3.306 平方米）产生的销售额、每个座位产生的销售额等，但这些都没有考虑投资，而属于销售额的效率问题，未必与盈利能力直接挂钩。

何为盈利的业态？

盈利的业态 = 有行业盈利能力 = 收益率高 ↑ 独家经营权与加盟费的对价

收益率 = $\frac{\text{收益}}{\text{投资}}$ = 回收率

× 每坪销售额
× 每座销售额
⇒ 这是效率问题
不一定与收益率成正比

收益率的计算公式为“收益率 = 收益 ÷ 投资”，这是分数的计算，所以也可以写成“利润 / 投资 =（ ）/ 投资 × 利润 /（ ）”，括号部分里无论填写什么都可以进行约分，结果是相同的。把销售额填入括号里就成了“利润 / 投资 =（销售额）/ 投资 × 利润 /（销售额）”。

“（销售额）/ 投资”计算的是回转率。A 店投资额为 2,000 万日元，销售额为 4,000 万日元，回转率为 2（4,000 万日元 ÷2,000 万日元）。B 店投资额为 5,000 万日元，销售额为 8,000 万日元，回转率为 1.6（8,000 万日元 ÷5,000 万日元）。也就是说，A 店的回转率（投资效率）较高。

另一方面，“利润 /（销售额）”表示的是利润率。A 店销售额为 4,000 万日元，利润为 700 万日元，所以利润率为 17.5%（700 万日元 ÷4,000 万日元 ×100%）；B 店销售额为 8,000 万日元，利润为 1,000 万日元，利润率为 12.5%（1,000 万日元 ÷8,000 万日元 ×100%）。我们可以看出，在利润率上面也是 A 店更高。

也就是说，收益率是回转率与利润率相乘的结果。

A 店 = 回转率 2× 利润率 17.5%= 收益率 35%

B 店 = 回转率 1.6× 利润率 12.5%= 收益率 20%

因为是分数算式，所以将分母变小分子变大非常重要。也就是增加利润与销售额（虽然分子和分母都有销售额，但是必须提高作为分子的销售额），投资额应该减少。

提高收益率就是如何扩大利润与销售额，并同时实现降低投资，在此有很多失败的例子。那是因为过分拘泥于降低投资。所谓投资本来是指提高销售额。在某种程度上，投资金额与销售额成正比。想办法控制投资并不意味着降低销售额。重要的是“在获得相同的销售额的条件下如何控制投资额度”。

收益率如何计算

$$\frac{\uparrow\text{（销售额）}}{\downarrow\text{投资}} \times \frac{\uparrow\text{利润}}{\uparrow\text{销售额}} = \text{回转率} \times \text{利润率}$$

* 箭头表示努力的方向

1-4 在开店前模拟计算是否盈利？

●开业前的准备阶段非常重要！

在开业前的准备阶段，提前做好完善的计划最为重要。贸然行事是大忌。

具体来说，要判断能否确保收益率在 20% 以上（尽可能达到 30% 以上），在创业计划阶段，如果不能确保这样的收益率，那么不得不说今后店铺的经营将会很艰难。

前面已经提到，收益率由“利润”“销售额”“投资”的三者关系决定。

为了提高利润率，增加利润很重要，餐饮行业的利润大致是由“原材料成本（Food）”“劳动力成本（Labour）”“房租（Rental）”3 大成本来决定。在此，我将其称为“FLR 成本”，3 大成本的总和必须控制在销售额的 70% 以内。如果不严格遵守这个原则，餐饮店就不会盈利。在开店之前，请预先模拟计算出 3 大成本在总的销售额中（月销售额、年销售额）所占比例吧。

●要想成为兴隆旺铺，“根据”很重要！

前文提到，“开业后能维持 3 年的店铺概率约为 2~3 成，维持 10 年的店铺概率约 1 成”，其原因是不经过周密计划靠主观臆断或感情用事开店的比例很高。当然，靠主观臆断或感情用事开店并且做成兴隆旺铺的店主也有。但是，如果真有这样的情况，结果应该也是经营不顺利。靠主观臆断或感情用事去开店，并不是一个适合任何人的通行之道。

我每年之所以能够进行 100 家以上的店铺收益改善指导，原因就是排除了主观臆断或感情用事，基于有根有据的数据进行指导。具体说来，就是教会商家分析方法，首先让商家自己进行分析。这样一来，商家会加深对自家店铺经营状况的客观理解。人对于模糊的事物、无法捕捉的事物是缺乏判

在餐饮业令人瞩目的“FLR”

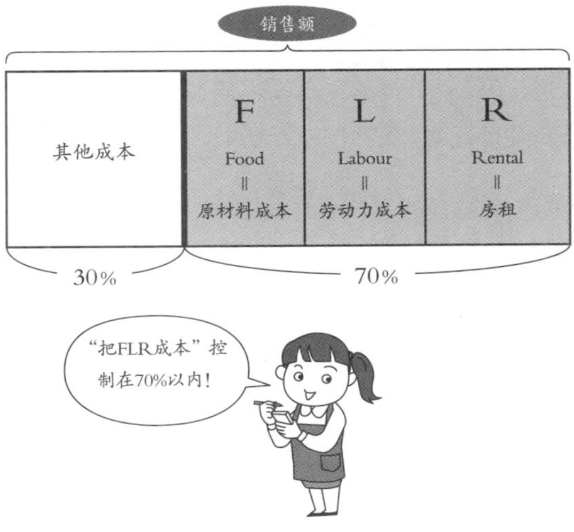

断力的，如果有了明确的根据，解决问题的方法就会浮出水面。所以“排除主观臆断或感情用事，依据数据与根据清楚地分析”是至关重要的。

1-5 盈利的业态与旺铺之3要素

● “业种”与“业态”的区别

在这里我们换一下视角，来思考一下“何谓盈利的业态”。

首先，在餐饮业“业种”和“业态”的区别是什么？所谓业种是指按出售不同菜系种类而分类的概念，也就是说“是卖什么菜的”。比如，有卖汉堡包的店、卖意大利菜的餐馆、卖法国菜的餐馆、卖面条的餐馆、卖烤肉的餐馆等分类方法。另一方面，业态是指按不同销售形式而进行分类的。比如，即使同样卖寿司，就可以分为回转寿司和站着吃的寿司店等，这就属于业态不同。

说起“盈利的业态”，经常可以听到“我的店也很想立刻做这种生意”的呼声，但是何种业种、业态能够盈利，抑或某种特定的业种、业态本身就能够盈利，这并不能一概而论。

在考虑盈利的业态之前，我们先思考一下开一家旺铺的基本要素。

业种与业态

业种	业态
经营范围、卖何种菜品 例：汉堡包、意大利菜、法国菜、面条店、烤肉店等	销售形态（售卖方法） 例：寿司店 ┤回转寿司 / 立食寿司

●开一家餐饮旺铺所不可或缺的 3 大要素

开一家餐饮旺铺所不可或缺的要素有 3 个。

餐饮旺铺的 3 要素

①经营者本身是否喜欢该种菜系？

②是否擅长烹饪该种菜系？

③与商圈需求是否吻合？

首先，提供给顾客的食物经营者本身不能不喜欢。唯有喜爱，才能够动脑筋钻研并且下大量功夫研究。

我在进行开店意见指导时最常见的类型之一就是，“因为我很喜欢吃所以想开店”。但是由于很少有人讨厌吃这件事，光靠上述理由开店是不行的。我所谓的“喜爱”是指，“每天吃鱼都不会腻”“早中晚三顿饭一直吃拉面也没问题”，自己喜爱的食物种类。

经营者本身不会烹饪菜肴也是一个问题。特别是小规模的餐饮店，店主自己下厨房掌勺的情况并不鲜见。开店失败的模式之一就是，店主自己不会烹饪需要雇用厨师的模式。出于兴趣和爱好来开店倒也无可厚非，但是事关自己的生活，厨师辞职、迟到或者生病的话，店铺就会陷入开不了门的风险之中。可以雇用厨师的情况是指，店主本人很会烹饪，厨师即便辞职

餐饮旺铺的 3 要素

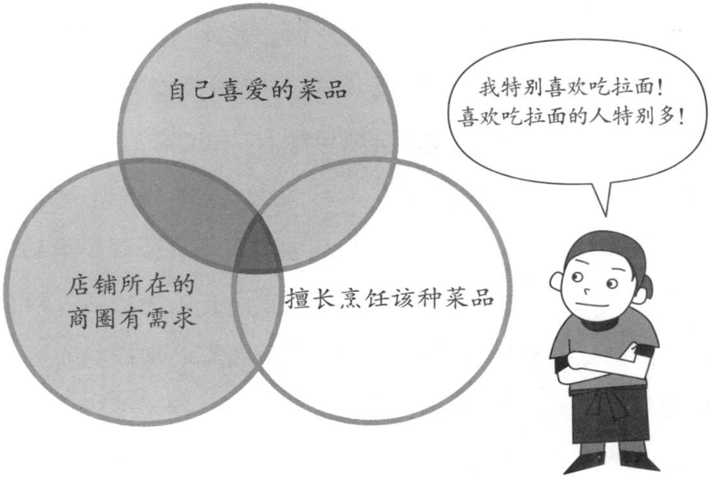

店主自己也可以下厨的模式。

在进行了上述的咨询后，我一般会给出如下意见：或是打消开餐饮店的念头，或是做成不需要雇用厨师的业态，或是店主本人在一定程度上学习烹饪技艺。

特别值得一提的是，无论再怎么喜欢，自以为是、固执己见是开不好店的。店铺不符合商圈的需求是不行的。举个极端的例子，在极为偏僻的农村开一家客单价高达数万日元的法国餐馆。当然，这样的店或许也有成功的例子。其成功的绝对条件就是，店里出售极具竞争力的、独一无二的菜品，顾客不辞辛劳专程上门消费。

总之，要做生意的决胜要素就是，“做自己喜爱的菜品”“擅长烹饪”和“符合商圈需求”。

举例来说，(1) 喜欢该类菜品而且也有商圈需求，但是店主本人不太擅长烹饪的情况。所谓“喜欢该类菜品也有商圈需求但自己不擅长烹饪”就意味着，无法向顾客提供使其满意的菜肴的可能性很高，或许会招致顾客的投诉。(2) 擅长烹饪而且也有商圈需求，但店主本人不喜爱该类菜品的情况。所谓“擅长烹饪而且也有商圈需求，但店主本人不喜爱该类菜品”就意味着，店主做起来没有乐趣。经营者没有乐趣的话，顾客可能也无法快乐。有店主擅长烹饪也有商圈需求这样的前提最初店铺会顺利经营下去，但时间一长销售额会逐步下降。(3) 店主喜欢该类菜品而且也很擅长烹饪，但不符合商圈需求的情况。所谓“店主喜欢该类菜品而且也很擅长烹饪，但不符合商圈需求”就意味着，这项生意本身就不成立。

尽管如此，但是不是意味着不同时满足上述 3 项条件开店就无法成功呢？也不尽然。当然，3 项条件全部满足是最理想的。如果有 2 项条件成立的话，剩下的就靠店主自身的努力而定了，这样的例子也很多。

那就是，(1) 提到的“喜欢该类菜品”而且也有“商圈需求”的情况。满足了这两个条件的话，成功的可能性非常高。“店主本人擅长烹饪”并非成功的绝对条件。有句谚语说得好，“兴趣是最好的老师”，因为只要感兴趣的话就算是不擅长，通过努力就可以克服这种不利因素。

综上所述，上面提到的 3 个要素中，最重要的就是开店所经营的菜品必须是经营者本人所喜欢的。没有需求，生意本身就不成立，但是如前所述，如果有极具竞争力的商品的话，可以从更广范围的商圈吸引顾客上门，也可以克服不符合商圈需求的缺点。

●开一家餐饮旺铺所需的业态战略

基于开店的 3 要素，我再来谈谈盈利的业态战略。

从结论来看，盈利的业态大致可以概括为如下几种。

盈利的业态

①具有业态力

②有盈利的模式

③有明显的优势

④有明确的理念

针对①～④分别做出说明，“①具有业态力”指的是由于具有充满魅力的理念能吸引顾客上门，赚更多的钱。也就是前面提到的高收益率。具体来说，收益率会达到 30% ～ 40% 以上。

“②有盈利的模式”指的是，每样单品都能够很好地盈利，而且具有能提高回头客比率的模式。

“③有明显的优势”指的是，店铺特点鲜明、与其他店相比有明显的差异。这是指店铺有自己的畅销产品或者具有明显的价格优势、能够进到其他店进不到的食材或饮料、环境优美、服务质量好等。

“④有明确的理念”是指，店铺的理念本身独具魅力或者简单易懂，能够很好地将其传递给顾客。说到底，店铺的理念不是由店铺来决定的，而是基于顾客的需求来决定的。而且，基于店铺的理念，菜品、服务、店铺的外观、内部装修等，无论是软件还是硬件，都需要进行统一和整合。

另外，针对这些内容我会在第 2 章做详细说明。所需的计算公式全部整理在书末的“从数据来看业态战略表格”，请参考。

第2章

抓住与“盈利”相关的数据

针对利润与开销的基本思考方法

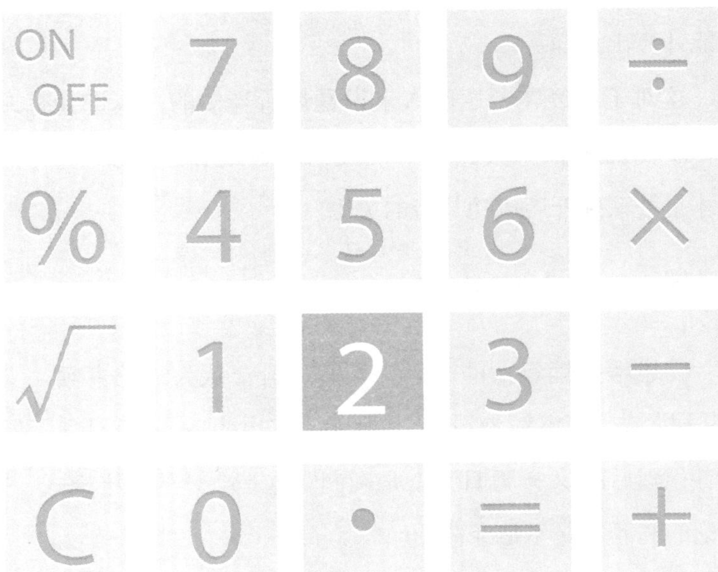

2-1 首先习惯从“利润”开始考虑

无论做什么生意，为了保持持续的发展，都必须保持不断“盈利”。这一点在餐饮店的经营上也不例外。为了确保利润，必须先从基础开始理解盈利的模式。

为了确保利润，当然要提高“销售额”。餐饮店的销售额可以用“顾客人数 × 客单价”来计算。不言而喻，顾客人数是指来店消费的顾客总数，客单价是指每位顾客所支付金额的平均值。

这样就可以计算出销售额，但是这并不等于利润。从销售额中减去原材料成本、劳动力成本、房租、水电煤气等支出，才能计算出利润。

这对于已经在开店的人来说是理所当然的，或许会有人认为“现在说这个已经没用了”，用何种观点来看待习以为常的事这才是关系到开店成功与否的关键。

●对“利润”的正确思考方法

在思考店铺经营的时候，人们一般会认为“销售额 – 支出 = 利润”。“销售额为 × × 万日元，支出为 × × 万日元。所以两者相减后的 × × 万日元就是利润”这是会计的思维模式，“结果论的利润”并不是经营。

◎利润·支出·销售额的思考方法

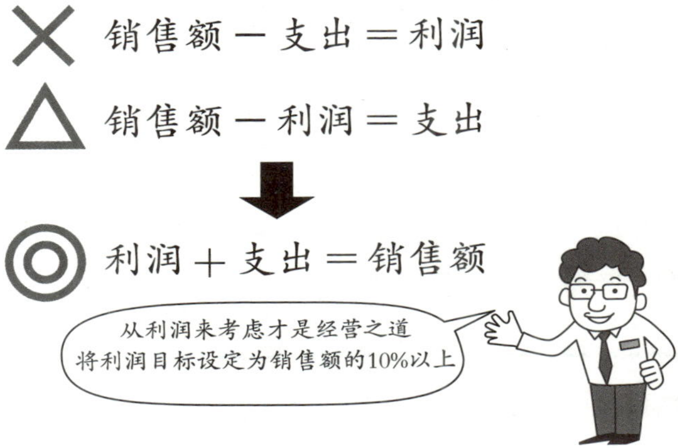

还有一种思考方法，“销售额 – 利润 = 支出”。这种思考方法是这样考虑的，“销售额应该会达到 ×× 万日元，利润需要达到 ×× 万日元，所以支出必须控制在 ×× 万日元以内”。比起前面提到的（销售额 – 支出 = 利润），后者则是以利润为目标通过控制支出来实现利润的思考方法，所以即使短时间会产生利润但难以持续。之所以这么说，是因为支出是为了提高销售额而产生的。过分控制支出便会引起销售额下降。这么一来，又不得不进一步控制支出，最终会陷入到“销售额下降→削减支出→再导致销售额下降→不得不进一步削减支出”的恶性循环中去。

那么该如何看待这个问题呢，我们应该这样思考：“利润 + 支出 = 销售额”。经营计划应该从设定利润开始做起。就像前面提到的，支出是为了提高销售额而产生的费用，从必要的利润与必要的支出中得出必要的销售额（目标销售额），由此去设定战略战术才是正确的经营之道。话虽如此，但并不是说只要产生利润就万事大吉，事情没有这么简单。比如说，收支平衡不赚不赔的店铺，是可以将经营继续维持下去的，但是如果因为某种原因导致支出扩大的话，店铺就会有陷入赤字的危险。为了避免这种情况，所以要尽可能“确保10%左右的利润”。

请记住这个公式

〇利润 + 支出 = 销售额

2-2 理解成本与毛利的关系

●成本率与毛利率

成本率是指原材料成本在销售额中所占的比率。比如说，售价 1,000 日元的菜肴原材料成本为 350 日元，那么成本率就是 35%。再者，从销售额中减去原材料成本后叫做“毛利”，1,000 日元 –350 日元 =650 日元就是毛利。那么毛利率就是 65%（650 日元 ÷1,000 日元 ×100%）。

同样的，假设一个月的销售额为 400 万日元，原材料成本为 120 万日元，120 万日元 ÷400 万日元 ×100%=30%。这里的 30% 就是成本率，70% 就是毛利率。

原材料成本的 120 万日元是根据盘点库存来计算的。具体来说就是，上月末的库存量加上本月的进货量，然后减去本月末的库存量，就可以算出本月的原材料成本。

盘点库存的思考方法

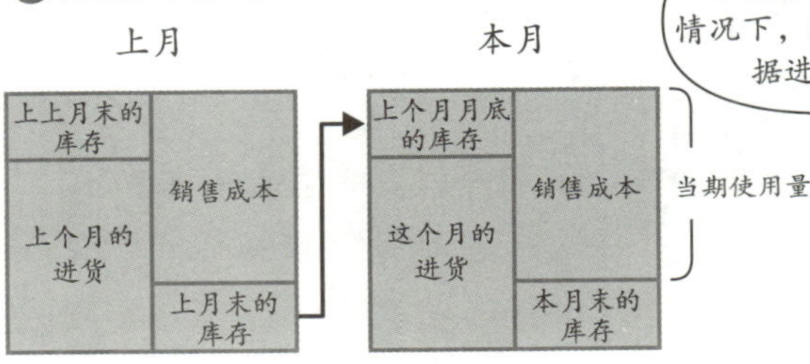

另外，个人经营的小店不进行盘点库存，而把当月进货金额直接作为成本价（进货成本价）的情况很多，由于没有进行库存盘点，所以无法计算出正确的销售成本。这种情况下不要用单月数据进行判断，要看 2~3 个月的数据。

●降低成本率与提高毛利率的方法不同

从销售额中减去原材料成本就是毛利润，有时候也可以理解为从销售额中减去毛利润就是原材料成本。再者，原材料成本加上毛利润是销售额。也就是说，原材料成本下降则毛利润就上升，毛利润上升则原材料成本就下降，结果虽然是相同的，但是降低原材料成本与提高毛利润的方法并不相同。

1. 降低原材料成本

①降低进货价格

②控制损耗或废弃

③以 10 克为单位进行叠加来考虑制作菜单

2. 提高毛利润

①提高售价

②根据 ABC 交叉分析，增加毛利高的菜品销售量

毛利润是什么？

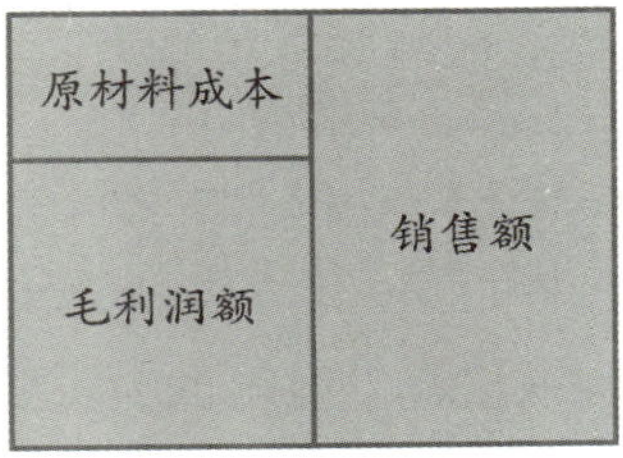

请记住这些公式

○原材料成本 =（上月末库存 + 本月进货）−（本月末库存）

○成本率 = 原材料成本 ÷ 销售额 ×100%

○毛利率 = 毛利润 ÷ 销售额 ×100%

○销售额 − 原材料成本 = 毛利润

销售额 − 毛利润 = 原材料成本

○原材料成本 + 毛利润 = 销售额

2-3 降低原材料成本与提高毛利润的方法

●如何降低成本率？

对前文提到的“降低成本率”的方法进行总结归纳，“①降低进货价格”与“②控制损耗或废弃”显得尤为重要。令人意外的是，造成重大损失的往往是员工的不正之风。所谓不正之风是指，擅自偷吃店内的商品、将原材料带回家等情况。

针对这种不正之风，重要的并不是事后如何处理，而是防患于未然。因此，平时就要抓好商品管理（检查个数或状态），如果出现如库存盘点不符的情况，应该在全体员工面前进行通告。这样，可以督促员工加强自我管理意识。让员工明白库存商品是公司的财产，不当占有是违法行为。

●以 10 克为单位来设计 500 克的菜品

所谓“③以 10 克为单位进行叠加来考虑制作菜单”是指，以 10 克为单位计算出每种食材的成本价，以此为依据来制作控制成本率的菜谱。更进一步来说，可以把一餐人均食量纳入考虑范围。

一餐人均食量，男性一般为 500 克，女性为 400 克。这是扣除掉汤品等不计算液体只计算固体的食量。这样考虑，将男女平均食量 450 克或 500 克为基准把以 10 克为单位的原材料成本进行叠加来设计菜品比较好。

450~500 克的菜品中如何科学地搭配才合理？在考虑这种搭配时重要的方法就是，将店里的食材全部换算成10克的成本价。

也就是说，用除法算出“这种食材 10 克是多少钱”。在这里重要的是，将全部可以使用的食材按 10 克为单位进行换算。比如说，洋葱要去掉芯，以实际使用部分（可食部分）为对象以 10 克为单位计算成本。还有，对于酱油这些液体物，以 10 毫升为单位进行计算。最小使用量为 1 张、1 只、1 条等的食材，就按其最小使用单位计算即可。

通过全部使用最小单位来计算，就会明白一个道理：原本认为价格贵的食材实际便宜了，相反原本认为便宜的食材却贵了。

比如说，宴会的菜单中有 3,000 日元套系、4,000 日元套系，4,000 日元套系的菜品数目比 3,000 日元套系要多。价格增加的同时，菜量也会增加。这种菜谱的设计方法看似有效，而实际是无效的。

再重申一次，无论男女 1 餐的进食量几乎是一定的。因此，即便增加菜品数量而不将总量控制在 450~500 克之间，客人未必会领情。不管菜的品种有多少，能吃下去的数量几乎是相同的，所以只需要把男性可以吃下去的 500 克食物分成多少种菜品即可。比如说，1 种菜品，就是咖喱饭或牛肉盖浇饭；3~5 种菜品就是套餐；菜品种类更多的有怀石料理或者全套正餐。

这样以 10 克的成本价为参考来设计菜品，进而叠加组合出 450~500 克的宴会菜谱的话，既可以满足食物数量的要求，而且还可以控制成本。

上述的思考方法，也可以应用在设计套餐的场合。无论 1 个套餐里有 5 种菜品还是 10 种菜品，只要把总量控制在 450~500 克之间的话，就可以恰到好处地为客人提供菜品。

还有，告知员工以 10 克为单位的成本价的话，库存损耗或是丢弃食材的时候，员工也会自然而然计算出金额，以此促进员工节约意识。

小专栏

平时有没有重视与往来商户的关系?

您有没有用一种很粗鲁的态度来对待酒铺或者食材批发商呢？比如说，交货稍稍晚一点便大发雷霆，因为发现极少的商品瑕疵或次品便冲动地严厉责备对方……

虽说是理所当然，但与仅被当作下级的分包商或经常往来的业务方相比，被当作以诚相待的伙伴关系更容易给对方留下好印象。

平时如果与供货商处好关系的话，就能够建立起可以无话不谈的人际关系。如果与供货商建立好关系的话，也许就可以快人一步地从对方那里听到有价值的信息，也有可能谈下更低的原材料进货价格。还有，请不要忘记供货商也是经常光顾你店铺的顾客。

生意兴隆的旺铺会把供货商当作顾客来对待。在配送的时候用语言表达感谢之情，或是递上一条擦汗的湿毛巾，或是在夏天为他们端出冰水。如果这样，供货商也会光顾店里。您的供货商有没有经常光顾你的店呢？

450~500 克的明细表

菜名（举例）	菜品种类
咖喱饭、牛肉盖浇饭	1（500g ÷ 1）
套餐	3~5（500g ÷ 3 ～ 5）
怀石料理或全套正餐	6 种以上（500g ÷ 6 种以上）

●如何提高毛利润

在本书第 2 章第 2 小节中提到的为提高毛利润应当“①提高售价”，不言而喻，指的是提高商品的价格。但是，又不能让顾客觉得“这家餐厅的价格变高了”而影响店铺的声誉。后面我会详细论述，在坚决不影响店铺形象的情况下，在应该要涨价的时候涨价。为此，销售额的 ABC 分析法会大显身手。这些会在第 6 章进一步详细说明。

“②根据 ABC 交叉分析，增加毛利润高的菜品销售量”，这一点也会在第 6 章中提及。

食材成本表

	名称	10 g 单价	52 煮包心菜	53 味噌猪耳	54 酱猪蹄	55 莴苣鸡蛋汤	56 裙带菜汤	57 炖牛尾	58 鸡蛋炒饭＋小咸菜＋汤	59 白饭	60 捞乌冬面	61 kuppa（米饭或乌冬面）	62 自家制当季水果冰淇淋	63 冰淇淋（香草、抹茶）
肉类	头													
	尾巴							80						
	胆													
	肝													
	猪蹄				200									
蔬菜	土豆							20						
	大葱													
	杏鲍茹													
	绿辣椒													
	洋葱													
	胡萝卜						15							
	白萝卜						20							
	香葱						5				5	5		
	韭菜						15							
	乌冬											220		
	泡菜													
	米								120		120	120		
	面包							10						
	鸡蛋						60		60			60		
	海苔													
调味料	盐					3	3	3						
	胡椒					3	3	3						
	酱油													
	醋													
	调料汁								15					
	醋味噌			30										
	冰淇淋													60
	白薯													
	成本合计													
	售价		400	300	400		400	900	500		300	500	200	200
	成本率													

※ 正式的表格请参照书末的“食材成本表模板”。

2-4 FL成本影响利润

所谓“FL”是指，在其他行业所没有的餐饮业独有的指标，指的是F（food=原材料成本）+L（labour=劳动力成本）的成本。这部分数字若不控制在总成本的60%以内的话，就很难盈利。

这么说的话，经常会有人问：“那么成本率（或者是劳动力成本率）控制在百分之几比较好？”但是，实际上重要的是“二者合计在60%以内”，F与L的配比因为业态不同而各不相同。也就是说，F与L配比的差异也可以说是各餐饮店的经营模式、经营技巧。一般来说，像快餐店或回转寿司店这种餐饮店，越接近销售行业就会F＞L，越是服务需求型的店或高级业态就会F＜L。

餐饮店的基本数据

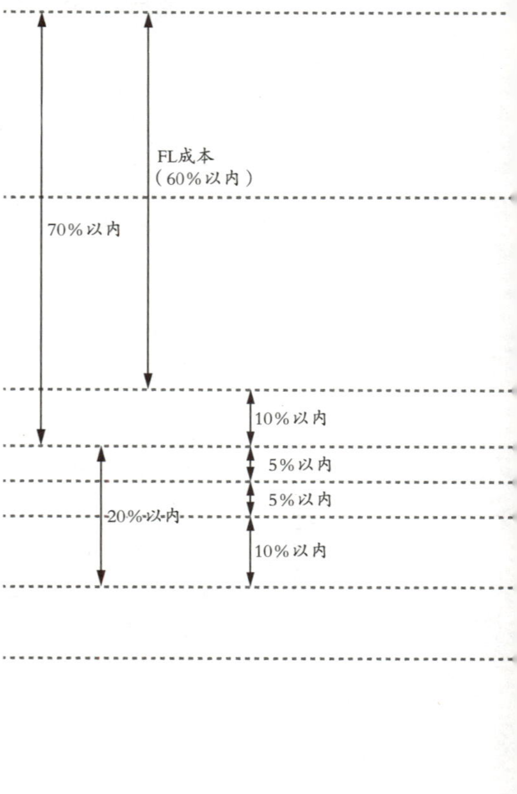

请记住这个指标

○ FL 成本 = F（food= 原材料成本）

+L（labour= 劳动力成本）≤ 60%

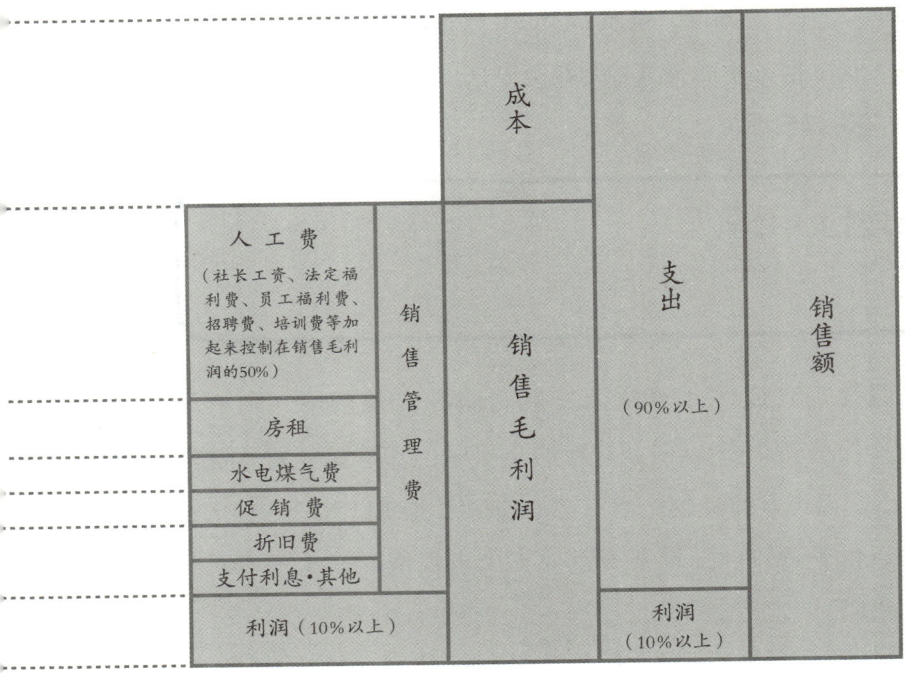

2-5 FL 成本加上房租（R）来考虑

前一节提到 FL 成本，还有一项必须要计入成本计算的重要支出，那就是“房租”。

FL 成本加上房租（R），我们称之为“FLR 成本”。在第 1 章提到过，餐饮业的收益大致是由原材料成本、劳动力成本、房租这 3 大成本来决定的。FLR 成本比 FL 成本更为重要。FLR 成本的标准是要控制在总成本的 70% 以下。也就是说以“FLR 成本≤ 70%”为标准。前面提到 FL 成本要控制在 60% 以内，如果无论如何都不能将其控制在范围之内，那么将 FLR 成本控制在 70% 以内即可。

请记住这个指标

○ FL 成本 + 房租（R）≤ 70%

假设 FLR 成本≤ 70% 而目标利润为 10% 的话，剩下的支出要控制在 20% 以内。其他的支出中，水电煤气费需要控制在 5% 以内，此外的支出不必一项一项去细致考虑，总括在 20% 以内就可以。促销费或其他支出也视情况或业态不同而各不相同。

请记住这个指标

〇其他支出≤ 20%

所谓FLR成本

FL成本+房租（R）≤70%非常重要

F（原材料成本）+L（劳动力成本）≤60%

这里很重要

∧

F（原材料成本）+L（劳动力成本）+房租（R）≤70%

2-6 成本可以大致分为两类

●经费有两种

餐饮店的经营，会产生各种经费（成本），大而化之可以分为“初期投入”和“运转资金”。

在餐饮业所谓的“初期投入”指的是“土地、建筑物的获得费用”“店铺的装修施工费用”“厨房等各种设备的费用”“餐具与备品的购置费”“店铺主页的制作费用”等，主要包括开店与开业时必要的初期费用。

另一方面所谓运转资金是指，开店与开业后继续产生的“人员工资”“水电煤气费”“网络广告费”等每月需要持续支付的花费。还有，运转资金还可以分为“固定成本”与“变动成本”。

固定成本指的是，与销售额的增减无关的费用，具体来说包括“正式员工的工资”“租赁费”“长期租赁费”“贷款利息支付”“水电煤气费（部分）”等内容。

变动成本指的是，随销售额的增减而变动的费用，包括“原材料费用”“兼职人员工资”“促销费用”“水电煤气费”等内容。

餐饮店的两种经费支出

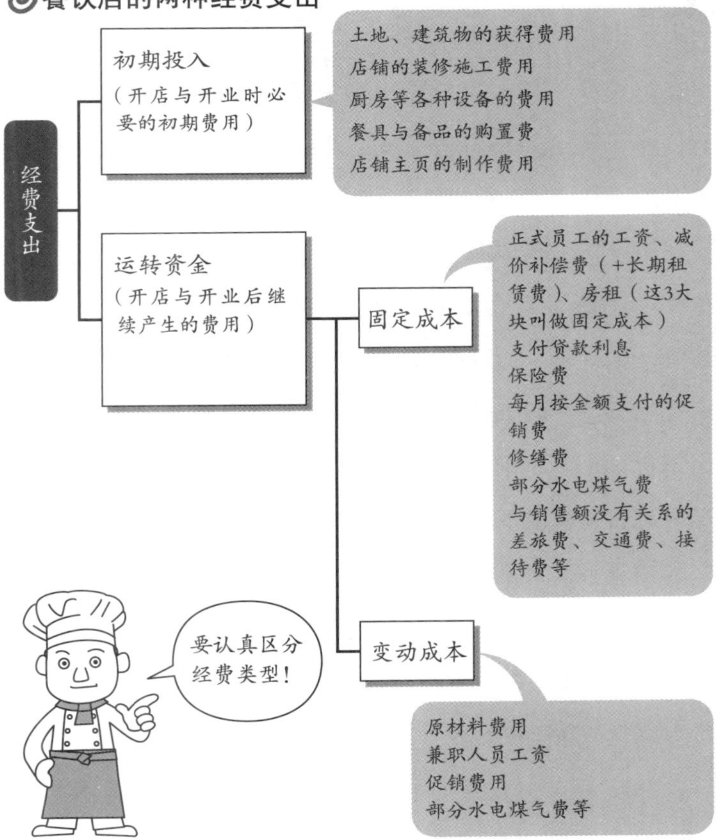

MEMO

这样理解固定成本与变动成本会相对容易，店铺在休息时产生的费用为“固定成本”，在休息时不会产生的费用为“变动成本”。

2-7 边际收益与盈亏平衡点销售额

在这里我要就一个重要思考方法进行解释。在餐饮店经营上有许多不可或缺的计算公式，下面提到的这个概念是这些公式的基础所在。

在书末的“餐饮店的基本数据表格”以及后面将会论述的损益表中（请参考第 2 章 2–10），有两个无法用数字表达的重要数值，那就是“边际收益”和“盈亏平衡点销售额”。

仅靠浏览一眼上述资料的数字，是无法从“目标利润”中计算出销售额的。而且也无法计算出盈亏平衡点销售额，也就是在不赚不赔的情况下销售额的基准到底是多少。

店铺利润、各种支出相关数据，仅仅看数字是无法理解与销售额的联动情况的。因此，为了与销售额进行联动分析需要计算出边际收益。

边际收益的计算需要“销售额”“支出”“利润”这些数据。这些数据可以从记录在“餐饮店的基本数据表格”（已整理在本书末尾处）中，或者损益表中获得。这里所说的利润指的是，损益表中的“经常收益”。之所以要用经常收益，是因为它是从营业利润中考虑了利息因素后计算的最接近最终收益的数字。

还有，为了计算出盈亏平衡点销售额，需要正确把握固定成本。所谓固定成本是指，销售额无论是上升还是下降金额都不会产生变化的费用，比如说房租等。向特定的媒体支付宣传和广告等促销费用若是按月进行支付的话也算是固定成本。

不管怎样，餐饮店的基本数据表格或损益表等都要做好区分，以便一目了然地分清“这是固定成本，这是变动成本”。

使用损益表就可以简单算出固定成本和变动成本

A 店

	6 月	7 月
销 售 额	1,000 万日元	1,100 万日元
支出	900 万日元	960 万日元
利润	100 万日元	140 万日元

100 万日元 UP

60 万日元 UP

40 万日元 UP

A店的情况是，销售额增加100万日元→支出增加60万日元

A店的变动成本率为60%（60万日元÷100万日元×100%）

如何计算固定成本?

6月 销售额为1,000万日元，变动成本率为60%→600万日元（变动成本）

（900万日元的支出中600万日元为变动成本）

900万日元—600万日元=300万日元（固定成本）

验证

7月 销售额为1,100万日元，变动成本率为60%，所以变动成本为660万日元

960万日元−660万日元=300万日元（固定成本）

简单区分变动成本和固定成本的方法是，只要有两个月的损益表即可简单算出。

A 店的情况是，销售额增加 100 万日元，支出就增加 60 万日元。也就是说 A 店的变动成本率是 60%（60 万日元 ÷100 万日元 ×100%）。

那么，固定成本是多少呢？以 6 月为基准，销售额为 1,000 万日元变动成本率为 60%，那么可以算出变动成本为 600 万日元。因此 900 万日元的支出中有 600 万日元为变动成本。

用总支出的 900 万日元减去 600 万日元，剩下的 300 万日元就是 A 店的固定成本。

作为验证对于 7 月的数据，可以使用同样的方法来计算固定成本。销售额 1100 万日元，变动成本率是 60%，变动成本则为 660 万日元。用 960 万日元的支出费用减去 660 万日元，两者的差为 300 万日元，这就是固定成本。与最初 6 月计算的结果完全一致。

2-8 边际收益与边际收益率

●何谓边际收益？

店铺的销售额减去变动成本（与销售额成正比的支出）的差称之为“边际收益”。反过来说，变动成本中包含了原材料成本、兼职人员的工资等内容。

边际收益是补偿固定成本的利润，对固定成本回收有贡献，所以称之为“贡献利润”。还有，“边际收益”随着1单位产品销售额的增减而产生变动，边际收益指的是每增加1位顾客消费而增加的收益。

了解店铺的边际收益有以下优点。

了解边际收益的优点

①可以了解盈亏平衡点销售额

②可以从预期收益中逆向计算销售额

另外，变动成本是与销售额成正比的支出，所以不用具体金额而用百分比去把握。即，将其作为变动成本在销售额中所占的比例“变动成本率”来考虑。

还有，用销售额除边际收益再乘以100%得到的数字就是“边际收益率”。

通过以上的计算，可以得知这个公式是成立的。即：销售额 × 边际收益率 = 边际收益 = 固定成本 + 利润

请记住下面的公式

①销售额 − 支出 = 利润

②支出 = 变动成本 + 固定成本

③销售额 − 变动成本 − 固定成本 = 利润

④销售额 − 变动成本 = 边际收益

⑤销售额 − 边际收益 = 变动成本

⑥变动成本 + 边际收益 = 销售额

⑦边际收益 = 固定成本 + 利润

⑧边际收益 − 利润 = 固定成本

⑨边际收益 − 固定成本 = 利润

⑩ 变动成本率（%）= 变动成本 ÷ 销售额 ×100%

⑪ 边际收益率（%）=1 或 100%– 变动成本率（%）

⑫ 边际收益率（%）= 边际收益 ÷ 销售额 ×100%

⑬ 变动成本率（%）+ 边际收益率（%）=1 或 100%

最为重要的边际收益

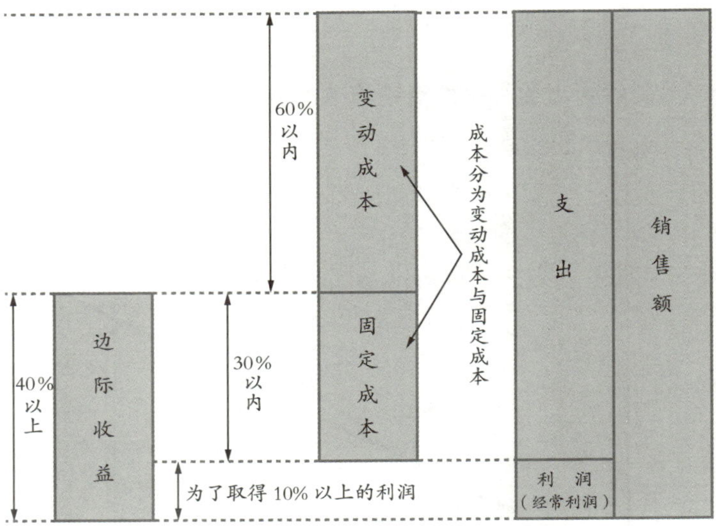

MEMO

边际收益的“边际”，由于只是单纯地将“MARGINAL POINT”一词中的“MARGIN”翻译成为“边际”，在经济领域表示 1 单位商品销售量的增加而产生的变动。

2-9 盈亏平衡点销售额与必要销售额

●何谓盈亏平衡点销售额

作为店铺的经营者，必须掌握店铺的盈亏平衡点销售额及必要销售额。“盈亏平衡点销售额”指的是，销售额与支出成本相同，不赚也不赔的状态，也就是说盈利和亏损均为零。盈亏平衡点销售额可以通过下面的公式导出。

能计算出盈亏平衡点销售额的表

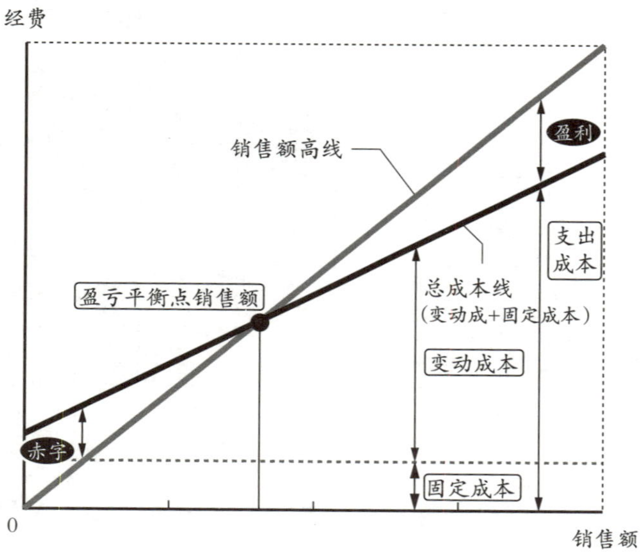

请记住下面的公式

○盈亏平衡点销售额 = 固定成本 ÷ 边际收益率

销售额 – 成本 = 利润

* 因为成本 = 变动成本 + 固定成本

销售额 – 变动成本 – 固定成本 = 利润

* 因为变动成本是销售额乘以变动成本率而来的

销售额 –（销售额 × 变动成本率）– 固定成本 = 利润

* 用销售额来归纳

销售额 ×（1 – 变动成本率）– 固定成本 = 利润

* 因为（1– 变动成本率）是边际收益率

销售额 × 边际收益率 – 固定成本 = 利润

* 利润为 0 的时候计算销售额

销售额 × 边际收益率 – 固定成本 = 0

* 将固定成本向右轴移动

销售额 × 边际收益率 = 固定成本

* 这时销售额与盈亏平衡点销售额相等

盈亏平衡点销售额 = 固定成本 ÷ 边际收益率

●从目标利润逆向计算销售额

对于餐饮店的经营来说最重要的就是计划性。如果计算出边际收益或盈亏平衡点销售额的话，就能从目标收益中计算出必要销售额，这样就容易制订计划了。

前文向各位介绍了“盈亏平衡点销售额 = 固定成本 ÷ 边际收益率”的计算公式，盈亏平衡点销售额表示利润为零。也就是说，“盈亏平衡点销售额 =(固定成本 + 利润 0) ÷ 边际收益率”。因此，把该公式中“利润 0”设定成目标利润的话，就能够算出应该完成的销售额了。

写成算式的话就是“盈亏平衡点销售额 =（固定成本 + 目标利润）÷ 边际收益率”。把上述公式重新表达一下就是，“(固定成本 + 目标利润）÷ 边际收益率 = 应该完成的销售额（必要销售额)”。比如说，固定成本为 500 万日元，目标利润为 300 万日元，边际收益率为 40% 的店铺的情况下，销售额达到 2,000 万日元即可。

（500 万日元 +300 万日元）÷ 40%=2,000 万日元

请记住下面的算式

目标利润所对应的必要销售额

$$必要销售额 = \frac{固定成本 + 目标利润}{边际收益率}$$

小专栏

打折可以到什么程度?

为了增加客源，店家经常会对商品价格进行打折。实际上，打折价格也是有极限的。把价格尽可能降低的话就会有更多的客人光顾，但是不根据经营的实际情况就勉强把价格降低的话，客人或许会增加但是店铺的经营恐怕难以维持下去。那么，如何计算出打折的极限呢?

为了得出答案，必要的数值是“变动成本率”。比如说，平时售价为 1,000 日元的商品，变动成本率为 60% 的情况下，必须保证变动成本费能够赚到 60% 的价格水平，也就是打折的上限为剩下的那 40%。

之所以这么算，是因为与菜品相关的原材料成本等变动成本必须通过菜品的销售来回收。当然，房租等固定成本也必须进行回收。就算不从产生变动成本的那道菜中回收，按月从店铺整体销售额中回收也可以。

也就是说，最低价格为 600 日元（40%OFF），在这里，我们假设折扣率为变动成本费赚不回来的 50%OFF、60%OFF 的话，就必须从其他菜品中回收变动成本。以“超低价”为口号的放烟花式的促销战略也是有限度的，极短时间之内或许可以，但是难以长久持续下去。毫无疑问，打折不是个人小店应该采取的战略。

那么，为了确认公式的正确性，我们来试着计算如下问题。

（设问 1）

这个店盈亏平衡点销售额是多少？

基本数据

销售额 1,000 万日元

变动成本 600 万日元（占销售额的 60%）

固定成本 300 万日元

利润 100 万日元

（设问 2）

本期欲完成 200 万的利润。必要销售额应为多少呢？

基本数据

销售额 1,000 万日元

变动成本 600 万日元（占销售额的 60%）

固定成本 300 万日元

利润 100 万日元

（设问 3）

本期销售额为 1,100 万日元，与前期相比增加了 10%。那么利润是多少？

基本数据

销售额 1,100 万日元

变动成本 占销售额的 60%=660 万日元

固定成本 300 万日元

（设问 4）

想把现有利润提升 3 倍，那么销售额需要达到多少？

基本数据

销售额 1,000 万日元

变动成本 600 万日元（占销售额的 60%）

固定成本 300 万日元

利润 100 万日元

设问的解答

（设问 1）

计算提示：

销售额 1,000 万日元 – 变动成本 600 万日元 = 边际收益 400 万日元

边际收益率是边际收益 ÷ 销售额 ×100%，所以

400 万日元 ÷1,000 万日元 ×100%=40%

固定成本 300 万日元 ÷40%=750 万日元（盈亏平衡点销售额）

答案：750 万日元

（设问 2）

计算提示：

①计算边际收益→销售额 – 变动成本 = 边际收益

②以①为基础逆推出必要销售额

→（固定成本 + 目标收益）÷ 边际收益率 = 必要销售额

①计算出边际收益和边际收益率

销售额 1,000 万日元 – 变动成本 600 万日元 = 边际收益 400 万日元

400 万日元 ÷1,000 万日元 ×100%=40%（边际收益率）

②计算必要销售额

（300 万日元 +200 万日元）÷40%=1,250 万日元

答案：必要销售额为 1,250 万日元

（设问 3）

计算提示：

销售额 1,100 万日元 –660 万日元 –300 万日元

答案：140 万日元

（设问 4）

计算提示：

①计算边际收益

销售额 1,000 万日元 – 变动成本 600 万日元 = 边际收益 400 万日元

400 万日元 ÷1,000 万日元 ×100%=40%（边际收益率）

②计算出必要销售额

（300 万日元 +300 万日元）÷40%=1,500 万日元

答案：需要让销售额增加 50%(因为目前销售额为 1,000 万日元）

要点 1

要仔细检查盈亏平衡点销售额增加了多少！

盈亏平衡点销售额为 750 万日元，与目前 1,000 万日元的销售额的百分比为 75%。也就是说，对盈亏平衡点而言还有 25% 的盈余。这个称之为“安全盈余率”，这个数字越高就越不容易形成赤字，店铺就越不容易倒闭。

要点 2

要想将利润提升 1 倍没必要将销售额也提升 1 倍！

●从设问 2 中学到的道理

将 100 万日元的利润翻倍变成 200 万日元，销售额需要达到 1,250 万日元，也就是说销售额增加 25% 利润就可以翻倍（在这一前提下）。这是因为，销售额即使增加固定成本

也不会发生变化，增加的仅仅是变动成本而已。

●从设问 3 中学到的道理

销售额增加 10% 的话便意味着利润会增加 40%（在这一前提下）。理由与设问 1 相同。

●从设问 4 中学到的道理

销售额增加 50% 意味着利润变为原来的 3 倍（在这一前提下）。理由也与设问 1 相同。

2-10 从损益表中看懂的5种利润

在第2章的尾声介绍一些面向法人或稍微专业的公司数据的分析方法。在下面的项目中，我主要以将公司向企业法人方向经营发展的人为对象，参考各种财务报表来进行论述。

这里提及的“经营比率分析”是一种分析方法。所谓的经营比率分析是从“收益性”“安全性”“生产性”3个视角出发来考量公司目前经营状况的指标。（针对“安全性”的内容将在第4章做出详细说明）

在计算出这个指标之前，需要说明一下必要的两个基础数据“损益表”与“资产负债表”。

●何谓“损益表”

“损益表”的英语标记为“Profit and Loss Statement”，缩写为P/L。

损益表可以反映公司在一定期间内所有的收益和支出，可以看出公司的利润具体是多少，可以说是公司经营的成绩表。

我们需要注意“损益表”中的5种利润。

将下表中表示的各种利润补充完整的话，即为：

①销售毛利指的是毛利润，这是“盈利的源泉”。因为从这项可以读取到各项支出的具体情况。

②营业利润指的是，企业靠主营业务所赚取的利润。目标

损益表例表（按月）

销售额	2,000,000
销售成本	800,000
①销售毛利	1,200,000
销售费用及一般管理费	900,000
②营业利润	300,000
营业外利润	0
营业外支出	100,000
③经常利润	200,000
非常利润	0
非常损失	0
④税前利润	200,000
⑤税后利润（当月利润）	——

务必确保在 10% 以上。

③经常利润指的是，加减掉与主营业务无关的，比如存款利息或贷款利息后的数字。

④税前利润是临时性产生的，比如，也包括了土地、大楼的出售、投资用股票的出售等所获利润的数字。

⑤税后利润指的是扣去税金所剩的利润，是纯利润，也是最终利润。

损益表中各项的意思

项目	解说
销售额	销售商品或提供服务，通过公司的主营业务获取收益
销售成本	当月消费的原材料成本
①销售毛利	从销售毛利中减去销售成本得到的数字，也就是“毛利润”
销售费用及一般管理费	人员工资、房租等公司一般营业活动所需费用的总称
②营业利润	从销售毛利中扣除销售费用及一般管理费的数值
营业外利润	公司主营业务以外的活动中所获得的利润
营业外支出	支付利息、公司债券利息等与公司主业无关的，但为了维持主业而产生的财务活动等附带行为而产生的费用
③经常利润	公司包括本业在内的能从持续性的经营活动中获得的利润
非常利润	通过变卖固定资产而获得的在公司正常经营活动中不会产生的例外的利润
非常损失	通过变卖固定资产产生的在公司正常经营活动中不会产生的例外的亏损
④税前利润	经常利润或经常损失加减非常利润及非常损失后计算的利润
⑤税后利润（当月利润）	减去各种成本、非常利润和非常损失、税金后最终剩余的利润，也称为“净利润”

销售额与5大利润

销售毛利 → 营业利润 → 经常利润 → 税前利润 → 税后利润

总结整理

①销售毛利 = 销售额 – 销售成本

②营业利润 = 销售毛利 – 销售费用及一般管理费（人员工资、销售费用、管理费）

③经常利润 = 营业利润 +（营业外利润 – 营业外支出）

④税前利润 = 经常利润 +（非常利润 – 非常损失）

⑤税后利润 = 税前利润 – 法人税费等

2-11 资产负债表中出现的术语

●何谓“资产负债表”

请看一看下文所附“资产负债表”。

资产负债表也被称作“收支平衡表”(Balance Sheet),英文缩写为B/S。它能反映公司在一定时期内的财务状况、资产状况、资金的运作及使用情况。

面向表格右侧记载的是,如何筹集资金(资本)等情况。可以看出自有资本(=自己的资金)为多少,筹集他人资本(=借款)为多少。

另一方面,在表的左侧记载的是,如何运用已经筹集的资本去盈利。比如,“厨房设备”“房产”等为了提高销售额而进行的投资,资本的具体使用情况全部记载在左侧一栏。

●流动资产与固定资产

在此,我先就表中将出现的术语进行说明。

资产一栏中的“流动资产”指的是,在1年以内有望变成现金的全部资产,包括“现金”“有价证券”“销售债券”等。“固定资产”指的是可以长期使用或持有的资产,包括“土地”“房产”等。

资产负债表

<table>
<tr><th>资产</th><th colspan="2">负债与资本</th></tr>
<tr><td>（流动资产）
现金及存款
应收货款
库存　等
★预计1年以内变现的资产</td><td>（流动负债）
应付货款
短期借款 等
★预计1年以内归还的债务</td><td rowspan="2">他人资本</td></tr>
<tr><td rowspan="2">（固定资产）
房产
设备
土地　等
★预计超过1年变现的资产</td><td>（固定负债）
长期借款 等
★预计超过1年归还的债务</td></tr>
<tr><td>（资本）
资本金
剩余利润　等</td><td>自有资本</td></tr>
<tr><td>合计</td><td colspan="2">合计</td></tr>
</table>

运用……如何利用筹集到的资金盈利？ ← 筹款……如何筹集资金？

流动负债与固定负债

负债与资本一栏中的“流动负债”是指，计划 1 年以内归还的债务，包括“应付货款（进货款）”“短期借款”等。“固定负债”指的是，计划超过 1 年返还的借款，包括“超期借款”等。自有资本包括“资本金”和“剩余利润”。

流动负债与固定负债合称“他人资本”，资本称作“自有资本”。

2-12 使用资产负债表和损益表对经营状况进行分析

●经营比率分析的方法

了解了资产负债表和损益表的大致内容后，下面就以这些报表中出现的数字对公司的（1）收益性和（2）安全性进行分析。

所谓收益性不言而喻指的是公司“盈利的程度”。同样的，安全性指的是公司“不容易倒闭的程度”，能够从财务角度检验一个公司是否容易倒闭。

（1）试着用经营比率分析来看收益性

检验事业收益性的方法有很多，最基本的就是看“总资产经常利润率”。

所谓总资产经常利润率，也叫做“ROA（Return on Asset）”，

指的是被用来作为判断企业综合收益能力的指标。计算方法是，用经常利润除以总资产（总资本）。这样算出的比率，表示公司所投资本能够获得多少收益。

特别是从银行等金融机构获得融资的店铺，若不赚到比从金融机构贷款利率更高的利润的话，公司就无法经营下去。

作为基准这个比率最低为 5%，尽可能要确保在 10% 以上。

请记住下面的公式

○总资产经常利润率（%）= 经常利润（P/L）

÷ 总资产（= 总资本）（B/S）× 100%

* 目标为 10% 以上

（2）通过经营比率分析安全性？

分析企业安全性的方法各种各样，这里向各位介绍作为指标经常使用的：①短期支付能力、②长期支付能力、③资本的安全性这三个计算方法。

为了分析①短期支付能力，有一个计算“流动比率”的方法。流动比率指的是，短时期内（1 年以内）应该返还的负债与相同短时期内（1 年以内）可以现金化的资产，二者之间的比率。换言之，也就是表示资金流动性的指标。流动比率用流动资产除以流动负债，一般认为流动比率在 120% ~ 140% 比较好。

另外，一般来说，“流动资产＞流动负债”。但是与其他行业相比，餐饮业的现状往往相反。这也是餐饮业资金运转恶化的原因之一。

请记住下面的公式

○流动比率（%）= 流动资产（B/S）÷ 流动负债（B/S）×100%

为了分析②“长期支付能力”，有一个计算“长期固定适合率”的方法。所谓长期固定适合率指的是，购入的固定资产能够在什么程度上用自有资本和长期返还的负债进行维持的指标。长期固定适合率可以用固定资产除以资本与固定负债的和来求得。

相对于其他行业，餐饮业的现状是“长期固定适合率”较高。这主要是因为餐饮业依靠短期借款的原因。

另外，“长期固定适合率”超过 100% 的情况下，由于通过短期借款来维持固定资产的资金周转，若是 1~2 个预算期内暂时性的数字的话便无大碍，但如果该数字一直持续的话就会成为缺乏财务安全的公司。尽可能的话，将“长期固定适合率”控制在 70% 以下为理想比率。

请记住下面的公式

○长期固定适合率（%）= 固定资产（B/S）÷（资本 + 固定负债）（B/S）× 100%

为了③“资本的安全性”，有一种计算“自有资本率”的方法。

所谓自有资本率是指，总资本中自有资本所占的比率。一般来说，自有资本率越高负债（借款）就越少。自有资本率高的话，因为没有借款利息的负担，也没有借款的返还期限，在资金周转方面就轻松许多，可以认为是一种健全的经营方式。

餐饮业的自有资本率平均是 8% 左右。可以说，餐饮业是对借款的依赖程度非常高的行业。

一般认为自有资本率在 50% 以上是比较安全的，餐饮行业的自有资本率首先要以 30% 为目标。

请记住下面的公式

〇自有资本率（%）= 自有资本（B/S）÷ 总资本（B/S）× 100%

第3章

抓住与提高销售额&利润相关的数字

顾客分析和有效的集客方法

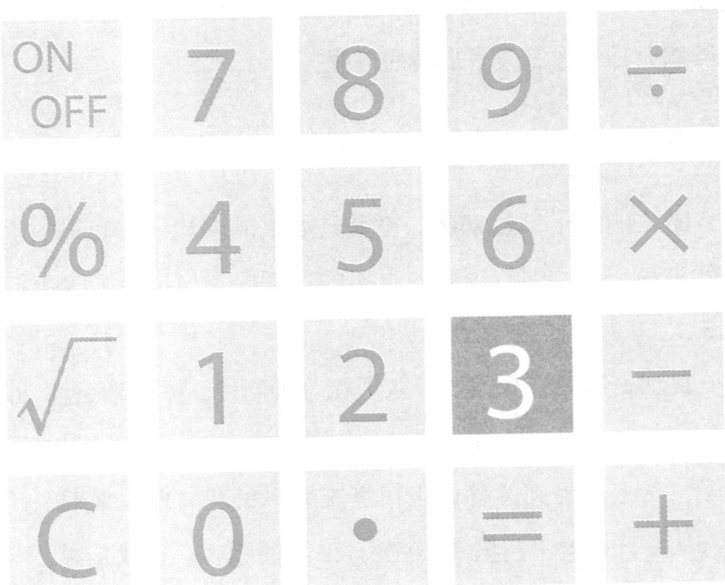

3-1 上门惠顾的顾客中一半以上都是一次性客源！？

我们把离商家而去的顾客称之为“顾客流失”，首先来看看餐饮店的顾客流失是什么状况吧。根据市场调查公司——（株式会社）统一市场调查公司的调查结果显示，餐饮店的初次顾客流失率为 50% 以上。也就是说，第一次上门惠顾的顾客中有一半是一次性客源。有的店铺甚至存在 10 位新顾客中 7~8 人流失的情况。

更进一步，顾客初次惠顾后即使第 2 次再来惠顾，第 3 次上门惠顾的比率不到初次惠顾顾客的 20%（根据同一调查结果）。也就是说，80% 的顾客，在 3 次惠顾之前就已经流失了。可以说餐饮业是顾客流失率很高的行业。

●顾客惠顾 3 次的话，回头客率就会一下子提高

刚才的例子反过来看，也就是如果能够让顾客惠顾 3 次的话就容易成为常客。因此，重要的是考虑如何促使顾客上门惠顾 3 次。

比如，有很多餐饮店导入了积分卡制度，来店消费满 10 次便能享受优惠，其中也有消费不满 20 次便不能享受折扣的店。但是，从上面提到的餐饮店顾客流失率很高的现实来看，几乎没有从一开始就上门消费 10 次、20 次的顾客。也就是说，上面提到的那种积分卡毫无意义。上门消费 3 次的顾客更容易成为

顾客的流失率是多少？

顾客流失=顾客不再光顾

餐饮店的情况？

初次流失率	**50**%以上 实际上，比50%更高 有的店会达到70%~80%
3次流失率	占初次惠顾顾客的 **80**%以上

（出处）（株式会社）统一市场调查公司的调查结果

常客，所以积分卡应该设置为上门消费 3 次即可享受优惠。

另外，为了让顾客能够来消费 3 次，菜品味道好、服务质量优这是理所当然的，除此之外想办法如何加强与顾客的联系也是至关重要的。

为了让顾客再次光顾，可以考虑记住顾客的长相与姓名，给顾客寄感谢信等方法。而且，在顾客第 2 次上门惠顾时，要积极地与顾客交流，更加深入地了解顾客。

据同家公司调查报告称，“有些顾客 1 年之内光顾同一家

惠顾 3 次成为常客，惠顾 10 次成为老客的法则

某位顾客光顾同一家店铺3次，这家店铺就会留在其记忆中，就有可能建立起稳定的消费关系，惠顾10次就会成为至尊顾客（大客户、老客户）。

但是，一般情况下10人中只有2人会第3次惠顾，没有建立起吸引回头客机制的餐饮店是靠新顾客维持经营的（一般的餐饮店，新顾客占70%，回头客占30%）。

店铺 3 次的话，那家店就会留在其记忆中，就有可能建立起稳定的消费关系，惠顾 10 次的话，就会成为至尊顾客（大客户、老客户）”。请记住“惠顾 3 次成为常客，惠顾 10 次成为老客的法则”。

首先，应该考虑如何让顾客惠顾 3 次，那么把这样的顾客变成常客的概率就会大幅提升。

3-2 提高销售额的 6 大视点

在考虑如何提高销售额的时候，有一个最基本的重要公式。计算销售额的公式是“销售额 = 顾客人数 × 客单价”，仔细分析该公式的构成，可以进行如下分解。

提高销售额的公式

销售额 = 顾客人数 × 客单价

④顾客口碑与介绍

= [①新客 + (②老客 × ③回头客比率)]

× (⑤点菜数量 × ⑥菜品平均单价)

在上面的式子中，原本的顾客人数被分解成了“①新客、②老客、③回头客比率、④顾客口碑与介绍”四个部分。也就是说，要增加顾客人数的话，可以分别从这四个方面采取措施。

其中，防止②老客的流失是首要任务。换句话说，要想给水桶里加水不如先堵住水桶的漏洞。另一方面，要提高③回头客比率，应该考虑“如何提高老客的惠顾频率”。

下一步，原公式中“客单价”部分可以分解成，⑤点菜数量与⑥菜品平均单价。⑤点菜数量正如其字面意思一样，要考虑增加顾客点菜数量（盘数）。⑥菜品平均单价，需要考虑如何提高顾客点菜的平均单价。

为了提高店铺的销售额，不仅仅是一时灵机一动“去发传单”，而是上述的“提高销售额的公式”的①～⑥中，思考“我的店应该可以把哪些部分提高”，并拿出具体措施，再付诸行动。

请记住下面的公式

①销售额＝顾客人数 × 客单价

②顾客人数＝新客＋老客 × 回头客比率

＊新客分为突然造访的顾客和听人介绍后上门的顾客两种

③ 客单价＝点菜数量（盘数）

× 菜品平均单价

●何谓提高销售额的 6 大视点？

针对前面提到的“提高销售额的公式”，各项中 6 个关键词具体意味着什么，下面将具体展开。

①如何获得新客源

需要考虑如何获得还未上门的新客源。

②如何增加老客数量

需要考虑如何能让顾客再次惠顾以减少顾客流失

③如何提高回头客比率

需要考虑如何提高常客的惠顾频率

④如何通过顾客的口碑或介绍获得新客源

需要考虑如何通过顾客的口碑或介绍获得新客源。

⑤需要考虑如何增加顾客的点菜数量（盘数）

为了增加顾客的点菜数量，需要考虑如何能让顾客再多点一道菜。

⑥如何提高菜品的平均单价

为了提高菜品的平均单价，应该考虑开发一些附加价值高的菜品，或者导入套餐。

如果与店员们一起讨论提高销售额战略的话题时，请务必针对上面6个问题进行详细的讨论，否则便抓不住要点。重要的是要充分理解你所做的努力能够提高哪些部分的数字。否则，努力的方向就会出现偏差。

提高销售额的公式与 6 大视点

提高销售额的公式

销售额 = 顾客人数 × 客单价

　　　④顾客口碑与介绍

　↓（指向①新客）

= [①新客 +（②老客 × ③回头客比率）]

　×（⑤点菜数量 × ⑥菜品平均单价）

①如何获得新客源

②如何增加老客数量

③如何提高回头客比率

④如何通过顾客的口碑与介绍获得新客源

⑤需要考虑如何增加顾客的点菜数量（盘数）

⑥如何提高菜品的平均单价

3-3 使用矩阵体系思考、排除“奋斗主义”

为了让店铺生意兴隆，每天的努力是理所应当的，但是努力的方向错了的话，或是陷入单纯依靠毅力的“奋斗主义”的话，那么付出太多却收效甚微的店铺也不在少数。

那些店铺有一个共同点，就是没弄清目前面对的课题和问题，仅仅单纯陷入了“必须要努力”的焦灼状态。

●使用矩阵体系探明原因与对策

如前所述，提高销售额有 6 大视点（参照第 3 章 3–2）。除了这 6 大视点之外别无他法。所有的原因与对策必须集中在这 6 大视点之内。首先，必须明确店铺所面临的课题和问题，搞清楚问题出在 6 大视点中的哪个环节，然后再探明课题寻求对策。

会议也是如此，必须要搞清楚现在所讨论的内容属于 6 大视点的哪一部分。否则问题自身也会变得含糊不清，或者因无法找出具体的对策而导致毫无成效。

因此，为了提高销售额，有菜品开发、接待顾客、餐厅招牌、搞促销、打扫等诸多方法。但必须要提前弄明白每种办法具体对 6 大视点中哪部分有效、对哪部分无效。这就是“矩阵体系思考法”。

具体来说，如“矩阵体系的例表”所示，纵轴有 6 大视点，横轴分别列出了各自的方法，对于 6 大视点的各项目有效果的方法就用“○”的符号，在某种程度上有效果就用“△”的符号，没有效果就用“×”的符号标出。

将表进行横向分析，对 6 大视点的各项目最有效的方法用“◎”标出的话，方法就会变得更加明确。

矩阵体系的例表

	服务竞争力	商品竞争力	菜单	店招牌、建筑外观	网络促销（主页、美食网站、手机、社交网络博客、推特……）	传单、散发广告、宣传册、海报、论坛、直邮广告、积分卡、店家的实时促销	打扫	其他内容
①获得新客源	×	×	×	○	○	○	△	……
②增加老客数量	○	○	○	×	○	△	○	……
③提高回头客比率	○	○	○	×	○	△	○	……
④通过顾客的口碑与介绍获得新客源	○	○	○	×	○	△	○	……
⑤增加顾客的点菜数量	×	○	○	△	○	△	×	……
⑥提高菜品的平均单价	○	○	○	△	△	△	×	……

冷静地分析矩阵体系中的数据

比如，经常会有这样的观点“作为获得新客源的对策，应该在服务质量方面下功夫”。这种观点乍一看似乎很有道理，但仔细想来，提高服务质量与获得新客源二者其实毫无关系。当然，第 3 章 3–2 中也提到过，第④所列的内容与获得新客源有很大关系。也就是，要达到第①条的目的，提高店内服务质量并不能让经过店门口的顾客上门来消费，二者之间没有联系。

再者，新客源的获得与菜品也没有直接关系。如何能引起路过餐饮店的客流的注意，或者能让顾客在网上注意到该店并成为第一次上门的新客，这些才是要点。所以“提高服务质量”或是“将菜品设计得更具魅力”都与新客源的获得没有直接关系。具体来说，促销活动或者招牌的展示方法才是更重要的。

努力的方向更为重要

如上述所示，经常在脑海里绘制出矩阵排列图，通过此法探明原因与对策，餐饮店才更容易获得成功。在本书的“前言”中提到了濒临倒闭的餐饮店大致有 3 种类型。其中一种就是本章提到的“方向错误的埋头苦干型”。

“销售额好”和“销售额不好”并不能与“拼命努力”和

“不努力”画上等号。濒临倒闭的店铺是不是店主不够努力呢？也不尽然。生意兴隆的店是不是店铺主一直在废寝忘食地拼命呢？也未必如此。也就是说，靠毅力取胜或努力至上主义并不重要，重要的是“努力的方向是否正确”“是否把力气用在了刀刃上”。

3-4 改善收益的 5 大步骤

改善收益应该按什么步骤去做？在本节，我将为各位介绍我在实际指导餐饮店时的步骤。我是基于下面 5 个步骤去指导餐饮店的。

●改善收益的基本步骤

○第 1 步

改善收益的基本步骤的第 1 步是重新构建“理念”，明确“销售”“个性化”“卖点”。店铺的理念是最为重要的内容，出乎意料的是许多店铺在这方面没有太明确的概念。即便能够为顾客提供美味的菜肴，但若没有明确的店铺理念，销售额就很难提升。

○第 2 步

第 2 步是重新探讨店铺的定位名称或商号。店铺的定位名称是用来修饰店名的。如果不是大品牌店或名气较大的店，顾客并不太关心店名本身。首先，顾客感兴趣的是能够读懂该店的理念或个性的定位。这是至关重要的，宣传时不应该宣传店名，而应该宣传该店铺的定位，定位会让人立刻明白该店提供什么菜肴。如果定位令人费解的话，顾客是不会进店的。

○第 3 步

第 3 步是研究菜单内容。首先应该一边制作菜单，一边整理菜单内容。“这道菜似乎不叫卖”“能够贡献利润与不能贡献利润”用这样的观点对菜单进行分析，将畅销菜品写在菜单醒目的位置。

另外，在进行菜单分析时，ABC 交叉分析法非常受用（参照第 6 章 –61）。

○第 4 步

第 4 步是改善店铺的外观（正面）。这一步骤最重要的是店铺建筑物的正面（建筑物正面的设计）或店招牌。当然，改善店铺周围环境也是必不可少的。

店铺的外观如果不能吸引顾客眼球的话，是无法获得新客源的。针对这一点后续章节会详细说明（参照第 3 章 3–7）。

○第 5 步

最后，第 5 步就是实施综合销售法。利用店铺的主页或是美食网站、手机促销、散发广告、广告宣传等各种媒体手段进行有效的宣传。

改善收益的5大步骤

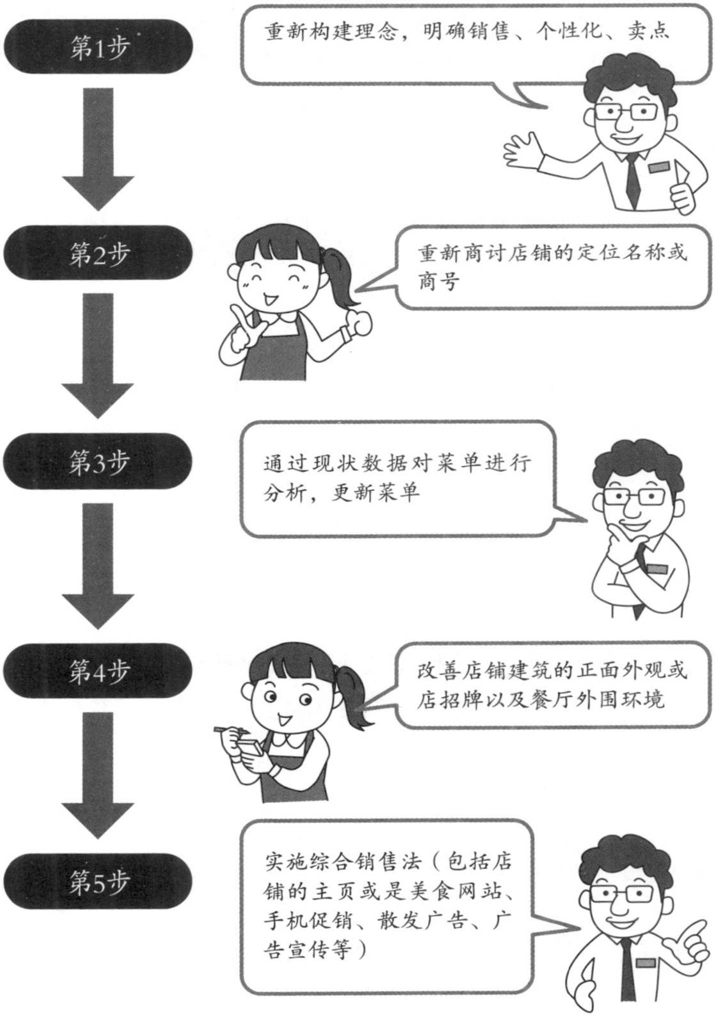
第1步
重新构建理念，明确销售、个性化、卖点
第2步
重新商讨店铺的定位名称或商号
第3步
通过现状数据对菜单进行分析，更新菜单
第4步
改善店铺建筑的正面外观或店招牌以及餐厅外围环境
第5步
实施综合销售法（包括店铺的主页或是美食网站、手机促销、散发广告、广告宣传等）

●比起“输血”，更应优先采取“止血”模式

上面提到了改善收益的5大步骤，但是有的店铺也存在经营状况异常严峻，导致无法逐步展开5大步骤的改善。对于这样的店铺，比起“输血”更要优先进行“止血”。比如，有的店铺甚至连本月和次月的周转资金都无法保证，就不能按部就班地按照“从第1步开始逐步进行”的解决办法。赢得时间才是关键。

这种情况的店铺，当务之急是“止血”。也就是说，先停止包括返还借款在内的现金流出。然后，在稍微理出头绪的时候再按顺序实施5大步骤（输血）即可。

顺便补充一句，无论多么努力地去实行本书中写到的提高销售额的方法，店铺若存在“店铺清扫工作进行得不到位（=脏）”“菜的味道很差”“服务态度不好”等问题的话，无论怎样进行改善也是没有回报的，这点请各位留意。

本书中阐述了各种各样提高销售额的办法，其关键点在于，将考虑问题的角度由从店主本身出发（生意萧条的店，无论店主怎么说，其生意都是以自我为中心的）变为从顾客的角度出发。

●不能轻易用优惠券打折或降价

现今，餐饮店的各种促销打折券、优惠券已经司空见惯了。

的确这些促销在短时期内或许会有效果，但实际上使用打折券的顾客很难成为回头客。“想去各种有打折券的店”是使用打折券顾客的心理，他们对店铺本身并没有太浓厚的兴趣。

基本上，我向顾客提供咨询的时候，不会提议使用打折券的方案。我认为没有必要这么做。因为我认为，不应该通过打折或优惠来吸引顾客，而应该通过提升商品或店铺本身的魅力等附加价值来吸引顾客。

“回头率较低的新客使用打折券来店里消费，常客反而跑到隔壁店用原价吃同样的菜品”我们对此会感到特别矛盾。如果要打折的话也应该对常客打折才对。

另外，使用手机优惠券的情况下，经常会看见顾客在店门口搜索优惠券的情形，本来客人已经决定要进店消费了，但还在搜索“有没有优惠券”。也就是说，对于不管有没有优惠券都决定进店消费的顾客而言，商家的打折反而多此一举。若经常用打折券或优惠券吸引顾客的话，对于顾客来说打折后的价格就成了理所当然的价格，容易产生顾客只有在打折时才会上门消费的状态。

但是，比如说，“××纪念”或“××活动”，再有“因为满座而使顾客不能就餐的致歉优惠券”等，有明确打折理由的打折活动是可以的。这么一来，也会让顾客明白商家平时不打折，“只限现在打折”。

再者，不要做减法，而要做加法。比如，客单价 5,000 日元的店，使用20%OFF的优惠券客单价就是4,000日元。这就是减去1,000日元。

假设成本率为30%的话，5,000日元的毛利就是3,500日元（成本为5,000日元×30%=1,500日元，再用5,000日元-1,500日元=3,500日元）。使用20%OFF优惠券的话，毛利润为2,500日元，减少了1,000日元（由于1,500日元的成本不变）。

另一方面，可以不减去1,000日元，而是赠送1,000日元的商品。这种情况下，从顾客的角度来看是1,000日元的赠品，但从商家的角度来看，需要负担成本率为30%=300日元。当然，现实也不一定与我说的一致。也可能由于赠送了菜肴而导致顾客不再追加新的点单，客单价或许还是4,000日元。但是以我的经验来看，几乎没有由于赠送菜品而导致客单价下降的例子。原因在于，大部分顾客并不会因为赠送的菜品而控制追加点单的数量。

比起用打折券做减法，倒不如如数照收顾客的餐费做加法赠送菜品，这样更容易增加毛利率。

3-5 重新审视经营方针的基础——经营理念

本节与数据没有直接关系，但是对于抱有“店铺经营似乎不太顺利”想法的经营者来说，请您一定仔细看看本节内容。

●从 4 个方面确定经营理念

对于商家来说“确定经营理念”是最重要的事项。甚至可以说，店铺经营是否顺利与经营理念的正确与否息息相关。

我所考虑的经营理念包括以下几方面内容：（1）以谁为目标客户；（2）针对客户的何种消费动机；（3）销售什么；（4）用什么方式销售。生意兴隆的餐饮店，这四方面的轮廓非常清晰，也就是说各方面都能兼顾。

●对目标进行进一步分析

上述的（1）+（2）的内容与目标设定相关，这部分内容可以从以下 3 个观点来考虑。

设置目标的 3 大要素

人口统计方面的要因　年龄、性别、职业等属性

地理方面的要因　居住区域、工作区域等属性

心理方面的要因　生活方式、价值观、购买动机等属性

经营理念的4环

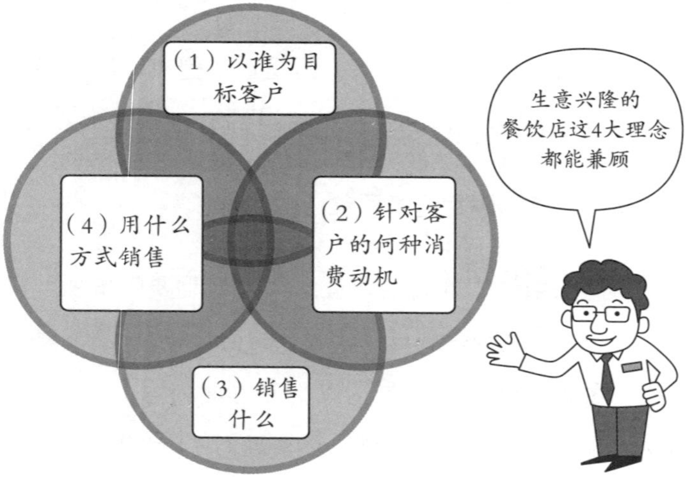

设定目标的3大要素

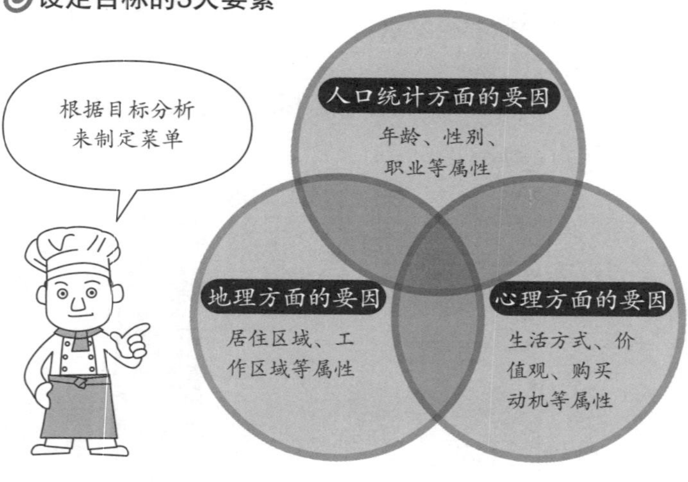

目标设定越明确，商品（菜单）组成等的销售设计就越明确。

●经营理念是经营方针的基础

经营者或一线责任者在经营餐饮店时，比起“我要做什么”来说，更需要想清楚“我为什么要这么做”。这就是所谓的“以经营理念为基础”。

在日常的经营活动中，哪怕是搞 1 次促销活动，也未必 100% 成功。若能先弄清楚“为什么要促销”，即便不成功，下一次成功的概率也会提高。

因此，请将每天的付出与以下 3 点进行对照，①是否符合经营理念；②是否有可靠数据做支撑；③是否有明确的行动依据。经营绝不是靠主观臆断和意气用事就能做好的，必须“有理论可依”“有数据可依”。

3-6 销售额与翻台率&座位利用率

在第 3 章 3-2 中谈到了“提高销售额的 6 大视点”，提高销售额的要诀除了增加来店消费顾客的点单数量或商品单价之外，还有就是增加顾客人数。在餐饮店，顾客上门惠顾的时间段是固定的，一次性可以容纳的人数有限。再者，也不可能让一位顾客点正常饭量 2~3 倍的菜量。

作为对应方法，若不通过改变店内排列来增加座位数的话，就很难使销售额大幅攀升。在这一点上，餐饮店与销售商品的商店截然不同。

那么，具体应该怎样做?

●计算翻台率

这里有一个重要指标“翻台率”。所谓的“翻台率”就是指，每个座位在 1 天（或者一个固定的时间段内）接待了多少名顾客。

请记住下面的公式

○翻台率＝1 天（或一个固定的时间）接待的顾客数量 ÷ 座位数

所谓的座位数，指的是店内座位的总和。比如一家店共有 30 个座位，每天有 120 名顾客光顾。那么，要计算 1 天的翻台率 =120 ÷ 30=4 次翻台。

●计算座位利用率

一般来说，餐饮店的座位不会全部是单人座。2~4 人座，或者还设有更多人可以同时坐下的大桌。这种情况下，来店消费的顾客中既有由多人组成的团体顾客也有 1 个人的单客，2~3 位的顾客会坐 4 人座，有时候 1 位单客也可能坐 4 人座。这就造成了即使店里的桌子全部被占，但座位却不是满座的情况。

这样考虑，就会注意到仅靠翻台率所注意不到的问题。在增加上门顾客人数的基础上，还需要避免座位的浪费。

因此，“座位利用率”可以帮助我们更加详细地理解座位的使用状况。计算方法为，满桌时（请注意桌子没坐满的时候）的顾客总人数 ÷ 座位总数。

请记住下面的公式

○座位利用率（%）= 满桌时的顾客总人数 ÷ 座位总数

假设 6 人桌坐了 3 位顾客，那么座位利用率为 50%。把握好座位利用率，并且巧妙利用座位数与翻台率、客单价的话，就可以提高销售额。

为了增加顾客人数，不仅仅靠努力，还需要使用翻台率和座位利用率等数据来进行具体分析，弄明白问题出在什么环节后再制订出有效的对策。

例如，周末与非周末或不同时间段上门的顾客及其同伴都是不一样的，可以根据商家业态特性，在不同时间段内改变店内座椅布局，根据顾客人数去安排座位和配置座位，在这方面多下工夫非常重要。

3-7 以提高销售额为目标的集客体系

说起集客问题的时候，很多人都会在制作美食网站或宣传单上下功夫。首先应该在“将店招牌设计得更具魅力”这件事上多花心思。顾客若因为注意不到店铺的存在而不进来消费的话，一切都无从说起。

店铺的宣传可以分为店招牌上的宣传和网络上的宣传两种。首先，面向每天经过店门口的顾客进行宣传是很重要的。从店门前经过的人，进门消费的可能性最高，所以必须让顾客认为“这家店很有魅力啊”“下次一定要进去尝尝”。

在我指导的案例中，跟店内事务相关的菜单、内部装修等咨询占了绝大多数，实际到店门口一看，我认为“把店招牌换掉销售额即可增加”的店铺也比比皆是。实际上仅靠一块店招牌就可以让销售额增加。

●店招牌一定要重视“100 米与 10 米”

特别是位于郊外路边的餐饮店，招牌的基准是，开车经过的顾客“能否在 100 米开外识别到”。所谓的“识别”并非仅仅看到餐饮店，重要的是要让顾客认识到前方有家可以吃饭的餐厅。也就是说，要不容分说地让顾客看到“那边有家卖 ×× 的餐厅”。

另外一方面，顾客走在繁华地段寻找餐馆的情况下，要诀就是在其前方 10 米让顾客注意到餐馆的存在。

首先，要冷静地站在顾客的角度审视餐饮店的外观。这么做的话，就会看到迄今为止所看不到的，也会注意到以前所没有注意到的。

比如说，原本以为很醒目的招牌颜色融合在周围的环境中反而会变得不引人注意了，或是店招牌十分醒目但是只能看到店名却不知道是经营什么菜系的等等。这样的店招牌几乎没有什么效果。店招牌必须要让看到的人感受到魅力，必须具备吸引顾客上门的能力。

●不同类型的店招牌效果各异

店招牌有各种各样的式样，一般来说基本的顺序是，“挂在店外的招牌（主要用于告知店铺位置）→店铺正面招牌→店门口招牌”。

“挂在店外的招牌”主要作用是宣传店铺的业种或业态。经常可以看见仅仅把店名写得很大的店招牌，大品牌的名字姑且不论，其他的店铺这么做几乎毫无效果。一般来说，顾客首先会对这是经营何种菜系有反应。挂在店外的招牌能起到的作用就是，告知顾客这里有家经营何种菜系的店。

挂在店外的招牌

在考虑“店铺正面招牌”时重要的是，确定店铺的定位名称（加在店名前面的形容词）。除了大品牌店以外，顾客通常的反应不是看到店名，而是看到店铺的定位名称后，才决定“我想去这家店吃”。

因此，通过店铺的定位名称展现出店铺的魅力或者卖点是至关重要的。

店铺正面招牌

◎改变店铺定位名称

例❶

Before

伦敦酒吧
Aaron

→

After

高品质的爱尔兰吉尼斯黑啤酒和
手工制作炸鱼 & 薯条

例❷

Before

木槿花烤肉店

→

After

超级好吃的烤五花肉和石锅拌饭
烤肉 木槿花

例❸变更 2 次的事例

Before

牛排 & 汉堡牛肉饼
男主角（店名）

→

After 1（这样改变后销售额增加了）

1 磅重牛排 & 汉堡牛肉饼
佐以本店手工秘制酱汁
男主角（店名）

↓

After 2（销售额进一步提高）

1 磅重牛排和
国产牛肉手工制作的汉堡牛肉饼
男主角（店名）

最后是“立于店门口的招牌”。顾客通常的心理是，即使认为这家店似乎不错，也不会立刻进去。因为顾客很容易产生“这家店确实看起来不错。但是……”的心理。所以消除顾客内心的“但是”非常重要。对于从未去过的店，顾客总会有种种不安：“价格是多少？”“里面有什么菜品出售？”“适合我进去消费吗？”（女性、男性、家庭、团体客等）

立于店门口的招牌起到的作用就是消除顾客心中疑惑的。将菜品或者价格明示在招牌上，以消除顾客内心的不安吧。

立于店门口的招牌

●获得新客源所需成本是维持老客源的 5 倍以上！

前文（第 3 章第 1 小节）向各位介绍了，在餐饮界很早就有“惠顾 3 次就是常客，惠顾 10 次就是超级至尊客户”的法则。对于 10 位顾客中实际只有 2~3 人回头客的餐饮店而言，若没有让同一位顾客来消费 3 次的运行机制的话，就无法保持销售额。

话虽如此，持续获得新客源也并非易事。根据（株式会社）统一市场调查公司的调查来看，一般来说店铺销售额占比为“新客源 70%，老客源 30%”。

大多数餐饮店的现状是：比起“花钱留住老客源”来说，更多的是把钱花在了“需要宣传或进行打折的新客源”上。一般情况下，据说获得新客源的成本为维持老客源成本的 5~7 倍。

可以说这种现状正是店铺经营不下去的原因所在。既然好不容易获得了新客源，那么最重要的就是想办法留住顾客，让他们再来消费第 2 次、第 3 次。请一定记住这一点。

小专栏

比起提价，降价才是高风险

我在对商家的菜品或菜单提出建议的时候，到了最终定价的阶段，总是格外慎重。有的价格会调高，有的价格会调低，但总体趋势是将价格调高。

报纸《日经 MJ》（2010 年 7 月 23 日刊）上登载了一篇关于涨价与降价的有趣报道。大概内容是："涨价的店铺中有 6 成店铺认为他们的判断是正确的，而降价的店铺中有 6 成店铺对自己的做法表示不满与怀疑。结果涨价后盈利增加的店铺约占 3 成，而降价后盈利增加的店铺占 1 成。"

您如何看待这个结果？

假设原材料成本下降 20%，那么降价 20% 的话毛利润不会改变，但那是不现实的。

要想在降价 20% 的基础上维持现有毛利润，"必须增加多少顾客？""必须增加多少人均点单量？"只要稍微计算一下，便可明白此举多么鲁莽。

所以，比起涨价，降价导致经营失败的概率更高。轻易地采取高风险的降价，无异于自取灭亡。

第4章

把握好人员和店内空间的相关数据

通过人员管理和店铺整理有效地提高销售额

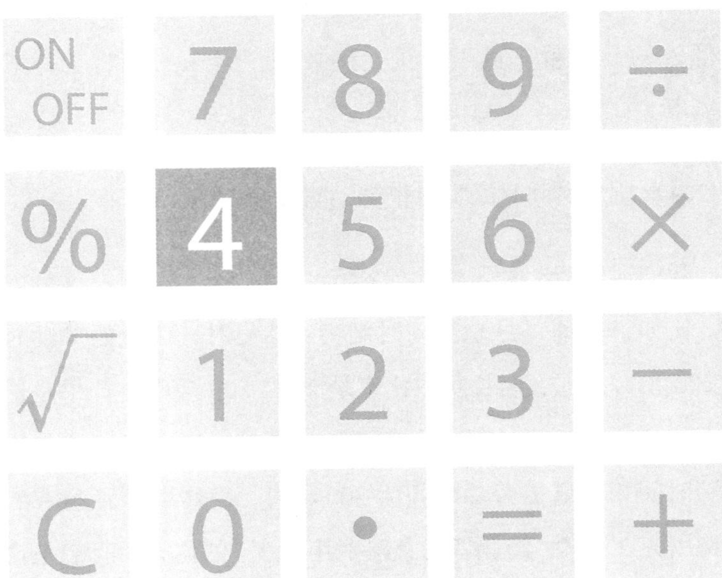

4-1 比较店长（经营者）与员工的总劳动时间

店铺经营的目的是提高顾客的满意度，按计划地确保销售额和收益。这些目标最终只能通过员工的劳动来达成。因此，店长或经营者通常会有这样的烦恼，那就是“如何让员工更有高效地工作”。

靠店长（经营者）1 人，或者是夫妻 2 人就可搞定的小规模餐馆的话可以另当别论，但是店铺规模再大一些的话，就算对自己的烹调手艺或在服务水平上再有信心，仅靠 1 个人的力量是无法接待顾客的。

店铺的规模越大，就越需要员工来共同分担。不过，令人烦恼的是，就算员工数量达到要求，也未必能将工作顺利开展下去。

●算出总劳动时间中店长劳动时间所占的比率

我们通过劳动时间来进行分析。

比如，店铺每月总劳动时间为 500 小时，店长的劳动时间为 200 小时，那么店长所占比率是 200 ÷ 500=40%，如果是这个比率的话，只要店长努把力店里的经营就会顺利进行。与店长劳动时间相比店员劳动时间为 300 小时，意味着“管理者的间接费用为 2”与“作业者的直接费用为 3”的比率。我们把这个称为“直接间接比率”。可以理解为，“2”通过管理“3”来实现经营目标。

但是，如果在每月总劳动时间规模为 2,000 小时的店铺，店长的劳动时间依然是 200 小时，所以店长所占比率为 200 ÷ 2,000 = 10%，仅靠店长一个人的努力是无济于事的。这种情况下，靠体力取胜一说就行不通了。

直接间接比率也变成 200 比 1,800，成了 1 比 9，也就是“1”通过管理“9”来实现经营目标。与前面所举事例相比，需要更高的管理能力。

虽然凭直觉也能判断，但若重新看数据的话，就很容易明白员工人数越多，管理难度就越大。

店长与员工的劳动时间比率

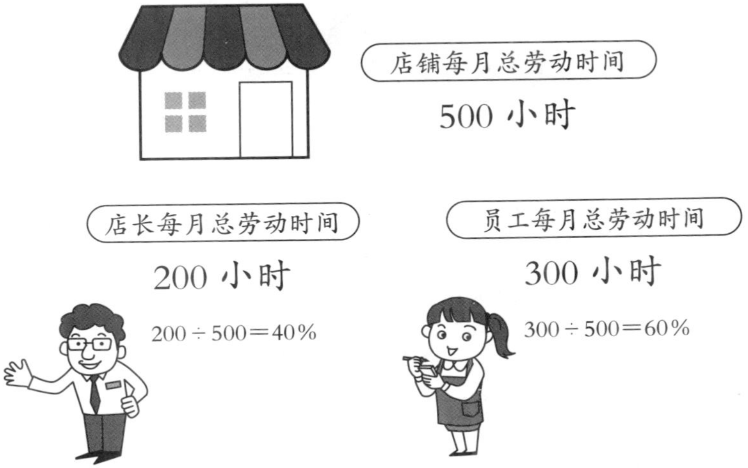

4-2 通过员工的工作态度检查劳动生产率

让我们来看看表示员工“工作态度”的劳动生产率。所谓“劳动生产率”是表示，1 名员工 1 年能为企业带来多少毛利润的指标（小时工与兼职人员的劳动时间加起来换算成正式员工数量）。

据中小企业厅的统计资料显示，所有产业的平均劳动生产率为 590 万日元，餐饮业的平均劳动生产率不到 300 万日元。后面我会进一步论述，对于毛利润来说，可支付的人员工资范围的上限为 50%。也就是说每年每人的工资为 150 万日元。

每年仅能支付 150 万日元的报酬！虽然现状如此，但餐饮业之所以可以一直支撑下去，无非是因为员工的构成比例中小时工、兼职人员的比例非常高。在这种小数额情况下，餐饮企业无法支付给从业人员足以维持生活的报酬，要雇用需要养家糊口的正式员工就更为困难了。

●人不是“成本”而是“资源”

本书属于成本核算方面的书籍，已将人员工资包含在所有的开支中明示出来了，当然从经营上来看人不是成本而是资源。餐饮业无法采用自动售货机去卖东西，毕竟还是“人使用人力去招待人的生意”。最终，提高销售额或是降低销售额，都要靠人去完成。在这种意义上，人不是“人材”而是“人财”。

FL 成本也不是单纯的“原材料（进价）+ 人材（人员工资）”，应该考虑成“食财 + 人财”。也就是说，FL 成本不是需要去管理的，而是需要去灵活运用的。

例如，让员工更新美食网站或博客、让员工写传单和直邮广告或者为顾客写感谢信、让员工制作促销招牌等，除了平常的应酬或菜肴烹饪操作之外，都可以让员工不断参与进来。这样可以提高员工对企业的忠诚度。

一般来说，基本没有不可以交给小时工与兼职人员做的工作。如果雇主有“他们是小时工与兼职人员”的想法，那么他们也会抱有“我们只是小时工、兼职人员”的想法。餐饮店的战斗力量主要来自小时工与兼职人员，所以提高他们的工作态度与积极性是非常重要的。请各位不妨看看生意兴隆的旺铺里小时工与兼职人员的积极性有多高。对于顾客来说，店员是小时工与兼职人员还是正式员工都是无关紧要的。

4-3 通过劳动分配率来考量人员工资的支付比率

●商讨人员工资时不可或缺的劳动分配率

在商讨人员工资时需要记住的一个指标是劳动分配率。所谓“劳动分配率”是指，相对于店铺创造的毛利润中人员工资所占的比率。

计算公式是，用人员工资除以毛利润。这个公式用于计算从店铺的毛利润中要分配多少钱给作为与劳动相关部分的人员工资。

请记住下面的算式

○劳动分配率（%）= 人员工资 ÷ 毛利润 ×100%

例如，毛利润为5,000万日元，如果人员工资（算上工资以外的招聘费用等支出）为2,000万日元的话，那么劳动分配率就是40%（2,000万日元 ÷5,000万日元 ×100%）。

●劳动分配率最大不能超过毛利润的50%

人员工资中包含了所有员工的劳动报酬、法定福利费、保险费、招聘费和教育培训费等。

作为一般性指标，人员工资控制在毛利润的一半（50%）

人工费的构成

所有员工的劳动报酬

法定福利费　保险费

招聘费　教育培训费

是可容许范围。如前所述，劳动分配率是人员工资 / 毛利润，所以若其超过 50% 的话，店铺就需要压缩人员工资或提高毛利润。要想压缩人员工资，本书下文也会提到，主要通过“降低工资支出金额本身”或是“提高效率”。要想提高毛利润，在第 2 章已经提到，主要通过“提高销售额”或“降低进价”。要想提高销售额，在第 3 章已经提到，从“顾客人数 × 客单价”为出发点有“6 大视点”。为了控制劳动分配率，仅靠削减人员工资并非易事，需要采取复合策略。

●设定好劳动分配率就可以把毛利润纳入计划

我们来实际计算一下吧。假设在一家年销售额为 1 亿日元的店铺中，毛利润率为 40% 的情况下，毛利润是 4,000 万日元

（1 亿日元 ×40%=4,000 万日元）。

它的人员工资为 2,000 万日元的话，劳动分配率就是 50%（2,000 万日元 ÷4,000 万日元），在容许范围之内。但是，若人员工资为 2,200 万的话，劳动分配率就为 55%（2,200 万日元 ÷4,000 万日元），超过了 50% 的范围。这种情况下，经营者就必须要对作业内容进行确认与商讨，重新审视员工的工作效率，需要采取上述的种种措施。

小专栏

没有花掉的招聘费应该怎么处理？

人员工资不仅仅体现为劳动报酬，还包含了招聘费用。也就是说，如果不支出招聘费的话就可以将那部分钱用于人员工资支出。要让员工明白，如果没人辞职，招聘费用就可以作为人员工资使用。

再者，企业没有招聘费用支出的情况下，不能认为“那部分经费节约下来了”“劳动分配率控制在了 45%，所以节约了 5% 的人员工资”，应该提前对员工公开说明，企业决定将毛利润的 50% 作为人员工资支付给员工，以提高员工的工作态度与积极性。

4-4 用工作时长来管理人员工资

●出勤方式各不相同的情况下可以用工作时长来进行管理

在餐饮业小时工与兼职人员（P/A）所占比率较高，因为包括正式员工在内各自的出勤方式各不相同，换算成总的工作时长来进行管理是最行之有效的办法。

另外，销售额中人员工资的占比，也可以换算成具体的工作时长，用“人时数（时长）”来管理。

经常会有如下情况，经营者命令一线负责人“务必把人员工资比率控制在销售额的30%以内”。但是，即便如此一线负责人也无法抓住执行要领而一头雾水。经营者不应该做出笼统的指示，而是应该明确地告知“销售额的30%换算成工作时长应该是多少个小时”。比如说，“每个月的工作时长要控制在多少小时以内”，若能用工作时长下命令，一线负责人就更容易拿出具体的执行措施了。

●员工的排班要凸显效率

在餐饮店排班的时候，会优先考虑员工的情况，不太考虑繁忙的时间段有哪些或者今天是周几等因素，而是“今天谁有空谁来上班”，最终容易陷入按员工的时间方便与否进行管理的模式。这样的话，人员工资成本的管理就无法顺利进行。为了正确地管

人员计划实例

	时间	9	10	11	12	13	14	15	16	17	18	19	20	21	劳动时间
大堂	员工A	1	1	0.5	1	1	1	0.5	1	1					8
	员工B					1	1	1	1	1	1	0	1	1	8
	P/A1		1	1	1	1	1	1	1	1	1				9
	P/A2				1	1	1	1	1	1	1	1			8
	人数	1	2	1.5	3	4	4	3.5	4	4	3	1	1	1	33
厨房	时间	9	10	11	12	13	14	15	16	17	18	19	20	21	劳动时间
	P/A3	1	1	1	1	1	1	1	1						8
	P/A4			1	1	1	1	1	1	1	1				8
	P/A5						1	1	1	1	1	1	1	1	8
	P/A6				1	1	1	1	1	1	1	1			8
	人数	1	1	2	3	3	4	4	4	3	3	2	1	1	32
合计	人数	2	3	3.5	6	7	8	7.5	8	7	6	3	2	2	65

※0.5＝30分钟　P/A指的是小时工与兼职人员

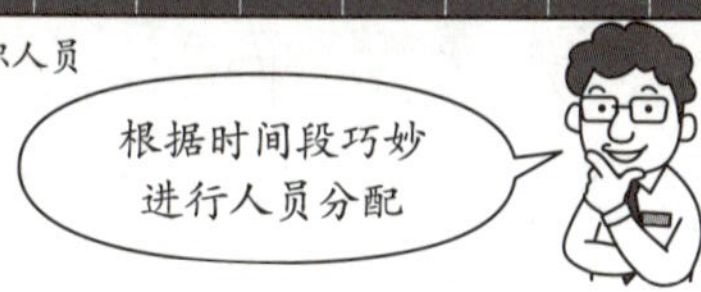

理，首先将 1 天按 30 分钟（0.5 小时）为单位进行分割，分成店里比较繁忙的时间段和比较空闲的时间段。然后计算每个时间段内，各工作岗位需要的人数，再按此数据配置员工。

也就是说，首先计算每 30 分钟或 1 小时所需的人员。其次根据上面的数字再明确所需人员的人数。最后，按所需人数配置工作人员。这个顺序非常重要。

小专栏

离职率为 7% 非常了不起！

有一家成功运作“丸源拉面”“杂样煎饼本铺”“烤肉王国”“最好吃的五花肉”等的叫做“故事公司”的企业。

根据厚生劳动省（日本主管福利、医疗、保险和劳动的中央行政机关）的统计，所有行业的平均离职率为 16%，而餐饮业为 28%。也就是说餐饮业的离职率为其他行业的两倍，但是令人惊讶的是故事公司的平均离职率仅为 7%，比所有行业离职率的一半还要低。

与过去相比现在的餐饮业中，重视员工的企业在增加。公开表明“员工最重要，顾客次之”“员工就是家人”等想法的经营者逐渐增加。过去对待员工可以说是“残酷的故事”，这种变化本身是非常好的现象。

在店铺的经营上，“重视员工 = 生意兴隆”未必一定成立，但至少也说明了“不重视员工的公司不可能生意兴隆”。

4-5 合理的人员工资该如何计算?

●判断员工劳动生产率的指标

在考虑员工待遇问题时，首先需要看员工能够有效地为企业带来多少利润这一指标。这就是“劳动生产率”。

劳动生产率是用企业附加价值除以员工人数。这里所说的附加价值是指毛利润。也就是，用劳动生产率可以分析每一名员工新创造出的毛利润。

另外，把分析的结果中每小时人均销售额称为“每人每小时销售额”，把每小时每人赚取的毛利润称为“每人每小时生产率”。

请记住下面的公式

○劳动生产率（日元）= 附加价值（毛利润）÷ 正式员工人数

★这里所说的正式员工人数指的是，从“所有雇用人员的全年总工作小时数 ÷ 从法定正式员工工作小时数”中导出的数值（换算人数）

劳动生产率在全体行业的年平均值为 590 万日元，餐饮业现状是年平均值不到 300 万日元。第 4 章 4–3 中已经做过说明，其中作为人员工资支出部分最多占销售额的 50%。也就是说，在餐饮业就职的人每年每人的平均工资为 150 万日元。话虽如此，但实际上人均年收入在 150 万日元以上的也不在少数。

另外，虽然状况在逐步改善，但是餐饮业员工免费加班的问题依然没有彻底解决，这也可以说是小餐饮店较易维持下去的原因所在，但是为此与店员产生纠纷的事例也屡见不鲜。

●每人每小时销售额表示每位员工在一定期间内的销售额

所谓“每人每小时销售额”是表示每位员工在一定时间内能够提升多少销售额的数值。总劳动时长是全体员工总劳动时间的合计。

在中小规模的餐饮店，基于正常时长数的每人每小时销售额，首先应该确保在 4,000 日元的水平。从员工待遇方面考虑这个数字虽然不是很完美，但可以说这个数字可以在一定程度上确保员工的报酬。

请记住下面的公式

○每人每小时销售额＝一定时间段内的销售额

÷ 相同时间段内的总劳动时间

●每人每小时生产率表示每人每小时所赚取的毛利润

所谓“每人每小时生产率”是指，每位员工每小时所赚取的毛利润的指标。比如说，每人每小时销售额为 4,000 日元，毛利率为 70% 的话，那么每人每小时生产率就是 2,800 日元。

请记住下面的公式

○每人每小时生产率＝一定时间段内的毛利润

÷ 相同时间段内的总劳动时间

或者

○每人每小时生产率 = 每人每小时销售额

× 毛利率

提高每人每小时生产率的 4 种方法

①提高销售额

②提高毛利率

③降低成本率

④尽可能用更少的人去完成同等销售额，以提高工作效率

●每人每小时接待顾客人数表示员工在一定时间内能接待多少位顾客

每人每小时生产率还可以用“每人每小时接待顾客人数”的指标来衡量。所谓的每人每小时接待顾客人数是指，1 名员工在一定时间内能够接待多少顾客的指标。特别是在快餐店或咖啡店等业态的收银台，这个指标对考核员工的工作效率非常有用。

请记住下面的公式

○每人每小时接待顾客人数＝一定时间段内上门的顾客人数 ÷ 相同时间段内的总劳动时间

●如何计算必要的毛利润或销售额

与每人每小时生产率或每人每小时接待顾客人数等指标相反，提前具体把握“每名员工必须赚取多少销售额或毛利率”也是非常重要的。目标的设定方法是，用人均工资除以劳动分配率，即可算出最低限度所必要的毛利润。同样的方法，例如通过“1 份售价 4,000 日元的晚餐套餐，必须每月销售多少份才能保证利润”的问题，让员工有明确的目标意识，这样一来，他们自然会在服务态度上有所提高。

进一步来说，每人必须赚取的毛利润额除以毛利率，就可以计算每人必须完成的销售额。

请记住下面的公式

○每人必须赚取的毛利润额 = 人均工资 ÷ 劳动分配率

例如，员工人均年收入 400 万日元（为了方便计算，人员工资暂且不考虑收入以外的因素），员工的年劳动时间为 2,000 小时，那么每人必须完成的销售额是多少呢？

请记住下面的公式

○每人必须完成的销售额=每人必须赚取的毛利润 ÷ 毛利率

400 万日元除以 2,000 小时，即可算出时薪。即：400 万日元 ÷2,000=2,000 日元，时薪为 2,000 日元。

假设这家店铺的劳动分配率为 50%，毛利率为 70%，每人每小时必须完成的销售额便可通过如下方法计算。

毛利润必须是时薪的 2 倍，所以是 4,000 日元，这个数字是每人每小时必要的生产率。每人每小时必须完成的销售额乘以毛利率就是每人每小时必要的生产率，所以每人每小时必须完成的销售额就是 4,000 日元 ÷70%=5,714 日元（小数点省略）。

也可以理解为，店铺让每名员工工作 2,000 小时，每年为了支付给他们 400 万日元的报酬，必须让员工每小时完成 5,741 日元的销售额才算合格。

但是现实情况是，正式员工的收入并没有那么高。即便如此企业仍然可以维持经营的原因就在于第 4 章 4–2 中提到的背景。

4-6 店铺地址的选定和店铺硬件设施的要点

●从数据看店铺选址的要点

在第 2 章 2-6 中提到 FLR 成本必须≤销售额的 70%，但如果从“FL 成本≤ 60%”来考虑，那么房租基本上要控制在销售额的 10% 以内才可以。也可以认为店铺的选址目标是：这间店铺要赚到 10 倍于房租的销售额才可以。

当然，大城市与小城市在房租上会有价格差。在大城市，房租超过销售额 10% 的情况也很多。但是，相应地就要降低 FL 成本，必须使 FLR 成本总体控制在销售额的 70% 以内。虽然大城市和小城市房租与完成销售额的环境各不相同，但是必须遵守“FLR 成本≤销售额的 70%”，这一点是完全相同的。理想状况是，“房租按小城市行情走”“销售额按大城市行情走”，这样的模式是最赚钱的。

请记住下面的公式

○房租≤销售额的 10%

●店铺硬件设施要基于经营理念去配置

在具体商讨店铺硬件设施配置之际，要按照预先设定好的经营理念去决定。在第 3 章 3–5 中已经提到，店铺的经营理念有 4 点：（1）以谁为目标客户；（2）针对客户的何种消费动机；（3）销售什么；（4）用什么方式销售。

首先从上述观点出发来考虑店铺内部布局。所谓的店铺内部布局，具体包括入口、顾客座位、厨房、洗手间、收银台、后院（办公室、仓库、更衣室等）等配置。

其次就是内部装修，最重要的就是要考虑是否方便进行保养。“看起来虽然好看但是不方便打扫”的话，就算刚开店时还不错，但是半年、一年后就惨不忍睹了。首先需要优先考虑是否容易保养，然后再选择与经营理念相符合的风格进行装修。

再者，在设计与施工之际，可以请信得过的生意伙伴进行介绍。所谓信得过的生意伙伴，可以是酒类批发商，也可以是湿毛巾批发商。和那些生意伙伴相互熟悉后，可以请他们介绍包括内部装修在内的各个方面的业务，从而慢慢拓展人际关系。

特别是，如果请开业指导公司或咨询公司介绍的装修公司要多加留心。那些公司很可能会赚取中间差价。

因此，必须让多家公司进行报价。“咨询费”“指导费”看似不贵，但从装修公司那里拿回扣的例子也不在少数。

●选设备机器时要重视营运成本

无论怎样抑制初期成本的支出，若在电、煤气、上下水、设备保养、消耗品等设备配置上提高营运成本的话就毫无意义了。比如，设备使用的是特殊灯泡，如若每次灯泡一坏必须请维修人员更换的话，这样的设备最好不要购置。

店铺内的机器尽量使用大众化产品，对今后的维护有好处。电饭锅与其买饭店专用的，倒不如多买几个家庭专用的，错开

小专栏

买新品划算还是买二手货划算

在开店投资时，最花钱的当属厨房了。因此，经常看到很多店铺相互买二手设备。现在，购买二手厨房设备也比以前容易多了。

确实，购买二手厨房设备的话可以降低成本，但是二手设备产生维修费用的可能性很大。这一点切不可小觑，有时候会产生比预想还要高的花费。

就算是新的厨房设备，如果通过网店或竞拍方式购买的话，可以便宜不少，而且在实体店买新品的话售后服务有保障。用长远眼光来看，可以认为反而比预计的花费要便宜许多。所以不能一概而论，新品价格贵，二手货价格便宜。

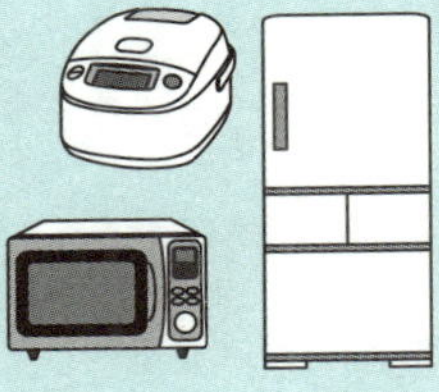

厨房设备不要单凭价格去决定，还要考虑到耐用年数、营运成本等因素后再进行采购。

时间煮饭便可以随时为客人提供刚煮好的米饭，而且产生故障的时候也方便进行换购。

●顾客座位与包含厨房在内的其他面积的比率应为 6:4~7:3

在店铺内部陈列计划中，必须充分考虑到店员的工作路线是否方便其工作。通勤不方便，店员就干不长久，会经常产生店员辞职的情况。即便是专业设计师画的设计图纸也不要完全对其言听计从，要实际考虑是否方便上菜和撤菜，是否方便走动等因素来做判断。

具体的办法是，在有空的场地内，实际用线画出厨房的内部陈列，用纸箱堆积起来模拟厨房的样子进行想象，模拟仿真是很重要的。当然，最好的办法是托关系找门路，去参观几个真实的厨房。

顾客座位和厨房及其他设备的空间分配也十分重要。合理的空间分配因每个店的规模和业态不同而各不相同，所以不能一刀切。以 20 坪（1 坪约为 3.3 平方米）的店为例，顾客座位与包含厨房在内的其他面积的比率应以 6:4~7:3 较为合适。

小专栏

仅 9.5 坪的店铺每月销售额竟为 1,500 万日元？！

这世上并非所有的立食酒馆都能赚钱，如果说有赚钱的立食酒馆的话，那么其翻台率一定很高。

一般来说，立食酒馆顾客逗留时间是坐着用餐餐馆的一半。也就是，翻台率可以是 2 倍。再有，立食酒馆可以容纳坐着用餐餐馆 2 倍的顾客。

立食酒馆销售效率从理论上来说，同样大小的店铺，立食酒馆是坐着用餐的餐馆的 4（2×2）倍。

一般情况下，每坪能卖出 20 万日元销售额的话就可以成为旺铺了，位于东京新宿 3 丁目的立食酒馆"日本再生酒场"，仅靠 9.5 坪的面积，就创造出了月销售额 1,500 万日元的奇迹。

这家店的石井社长，想把餐馆打造成一家能够在日本再次重生、让来消费的顾客充满力量的店，所以取名"日本再生酒场"。成功的秘诀是：新宿 3 丁目绝佳的地理位置；充满魅力且极具竞争力的菜肴；内部装修也与店铺理念十分契合。

4-7 什么程度的借款是安全的？

在本章的最后，准备提及一下与人员、空间的确保相关的借款问题。

店铺开业与运营都需要资金，但是光靠自有资金是不可能的。一定程度的借款是无法避免的，但必须保持慎重。

通常，借款金额为2~3个月营业额的话属于安全范围。如果超过4个月营业额的话，返还变得困难；借款一旦超过6个月营业额，资金周转就会陷入极度艰难的状态。

假设利润率为5%，为了便于说明，假设利润 = 返还的本金，在不考虑利息等情况下来计算一下。5%相当于营业额1/20的金额，借款金额为2个月销售额就意味着40个月（20×2个月=3年4个月）还清。若是4个月销售额的话，则需要80个月（20×4个月=6年8个月）还清。

更进一步，6个月销售额的话就是120个月（20×6个月）还清，看了这些数字就不难想象返还借款本身有多困难了。

借款金额与店铺的危险信号

借款金额	经营状况
2~3 个月的销售额	健全
超过 4 个月的销售额	黄牌（略危险）
超过 6 个月的销售额	红牌（非常危险）

利润率为 5% 的情况下所需的返还时间

销售额	5% 返还条件下所需时间
2 个月的销售额	40 个月（3 年 4 个月）
4 个月的销售额	80 个月（6 年 8 个月）
6 个月的销售额	120 个月（10 年）

第5章

与库存和进货相关的数字

明确订货时机与库存量的秘诀

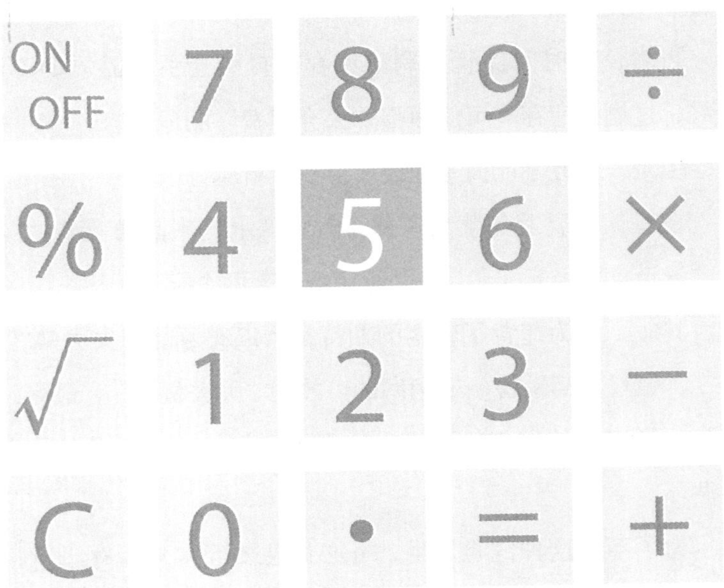

5-1 食材库存积压的两大危险性

●在餐饮店商品售罄是致命伤

为了保持稳定的成本率，同时为了稳定地提供菜单上列出的菜肴，餐饮店必须在一定程度上保持食材等的库存量。

库存多就意味着需要占用相应的资金（来换取库存）。当然也需要相应的保管空间。私人开的餐饮店中小店居多，本来店面就不大，若厨房里面再堆满库存的食材就更难管理了，也无从下手进行整理。而且也无法遵守“先进货先使用”（先进货的食材应该先使用）的原则。

再者，长时间保管过剩的库存，自然会引起品质的下降。最终，过剩的库存有可能面临“丢弃浪费”的危险。

但是，也并不能简单地说库存越少就越好。

在餐饮店要避免菜品售罄。对特意上门来品尝菜肴的顾客说“这道菜已经卖完了”，会给店铺带来两个损失。

其一，因为违背了顾客的期待，所以有可能“失去常客”。其二，错过提高销售额或利润的可能而“失去机会”。最终，因为失去顾客而使销售额下滑，从而导致整体成本上升，陷入恶性循环。

为了不让这种危险发生，务必记住要经常对库存进行正确的统计后再下订单订货。

食材库存积压的两大危险性

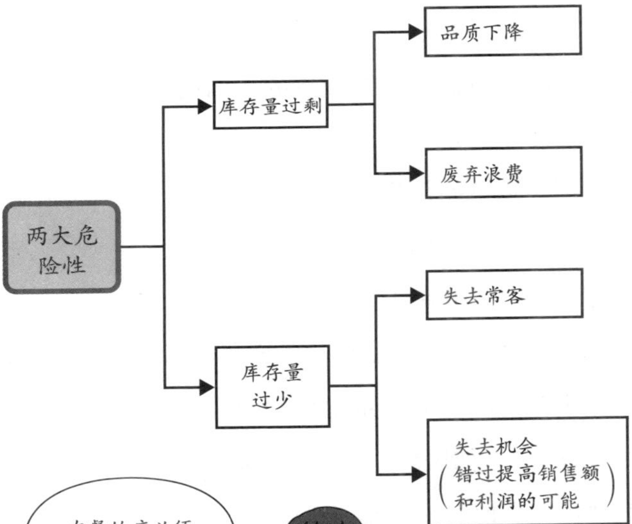

5-2 合理的库存量是 3 天的用量

●保质期较短的食材如何备货

合理的库存量因业种与业态的不同而不同，在这里教大家一个判断的指标。

餐饮店多数要使用生鲜食材，保质期短的食材应该按什么标准去进货呢？

理想状态是，菜单上所有的菜品需要用到的食材都应该提前备好库存，但不必所有食材的备货数量都相同。

菜单中各种菜品的数量不尽相同，每道菜品中食材的用量也不尽相同。针对其使用程度，制作一张第 2 章中提到的食材成本表便可完全把握。

●调查好订货频率再决定备货量

要调查构成决定备货量基础的订货频率，使用第 6 章 6–1 中介绍的 ABC 分析方法非常有效。结合迄今为止的订货实际情况，“什么菜最受欢迎”“那种食材在某一固定时期内平均销量如何”，相反“卖不出去的菜品是什么”。认真搞清楚上述问题，以库存量或订货量为标准来进行备货。

另外，一般来说理想的备货量是 3 天的用量。不过，这只是从库存资金量的标准说的。这里所说的总备货量，既包含酒类，也包含蔬菜类和鱼虾贝类。它们的保质期都各不相同，不能把所有食材的保质期都设定成 3 天。既有每天都要进货且当天必须用完的食材，也有每两周进货一次即可的食材。这里所说的 3 天，指的是食材每月进行 10 次周转的意思。因为考虑到食材的新鲜度，所以要维持每月 10 次周转。

对食材库存量的考虑

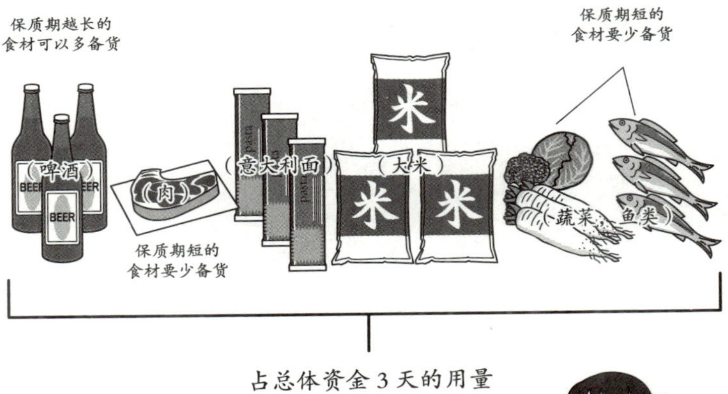

5-3 进货的两种下单方法

在备货减少的时候，决定在什么时候下单多少数量并非易事。即便是经验丰富的老员工，也很难预测上客量是多少、点单量是多少。这里希望大家记住“定量下单方式”和“定期下单方式”这两种下单方法。

●经常保持一定备货量的“定量下单方式”

所谓“定量下单方式”指的是，对用于菜品的各种各样的食材进行预判“最低保持多少备货即可”，一旦库存量低于预判数量便进行下单的订货方式。

比如，提前规定好“食材 A 的库存一旦低于 10 公斤便下单进货 30 公斤”，或者“食材 B 的库存一旦少于 30 个便下单进货 100 个”。一旦库存低于某个数值便立即按事先定好的数量下单进货。

这种方法，仅仅是根据数量机械地下单，所以有两个优点。①不容易产生错误，工作阅历不长的员工也能立即掌握；②库存量可以保持稳定，不容易产生库存剩余。

但是，商品的销售突然产生变化的时候，这一下单方法容易产生预先订货数量无法对应顾客点单量的情况，抑或会造成“废弃浪费”或“错过销售机会”等缺点。因此，需要考虑因季节而变化的销售量或者每个月销售额的变化，不厌其烦地调整设定的库存量和订货数量。

●在固定的日期下单购买所需用量的“定期下单方式”

所谓“定期下单方式”指的是，提前决定好下单时间，比如每晚 21 点或者每周三等，在这一固定时间计算库存量后下单的订货方式。

刚才提到的定量下单方式，下单时间的间隔并不是一定的，但是定期下单方式就是保持一定的时间间隔来下单。

这种方式，能够根据需求变化随机应变地决定必要的下单数量。如果出现了受顾客欢迎的畅销商品，那么就大量订购与该商品相关的材料；反之商品如果出现滞销，就应该减少其材料的下单量。

定量下单方式与定期下单方式的不同

	定量下单方式	定期下单方式
下单的时机	不定期 （一旦低于设定库存量时）	定期
下单量	一定量 （预先设定的下单量）	每次都要预测下单数量
优点	不容易出错，即使是工作资历浅的员工也可操作	根据需求变化随机应变地下单
缺点	无法应对需求量的变化，容易错失销售机会	不容易判断下单数量
注意点	如实调整设定库存量与设定下单量	在库存量低时检验下单量合适与否，保证下单量的准确度

但是，如果用这种方式下单，每次都需要判断下单量，要做出准确判断就需要经验积累。这种工作并非人人都能胜任，新人或小时工就很难操作。

小专栏

恰当的下单数量

关于下单订货，我要为大家讲一个某公司的总店和分店之间发生的与发票纸有关的笑话。

某公司的分店使用的打印小票的感热纸用完了，向总部下单请求送货。感热纸是两个一袋的包装，原则上规定分店每次需要以两个为单位下单，但是因为需要数量－库存数量＝下单数量，下单数量有零头的时候，比如5个的情况下，就按照5个去下单，总部还要专门把袋子弄破取出来一个，给分店发货5个。

但是这种工作很繁杂，而且将感热纸从保护袋中拿出来的话，感热纸的保存也会受到不良影响。所以不必非要为了下单5个还专门把袋子弄破，下单6个也完全可以。也就是说，应该将下单数量定为以两个为单位的偶数供给量。

第6章

增强店铺竞争力的菜单和价格战略

顾客心理体现在数字中

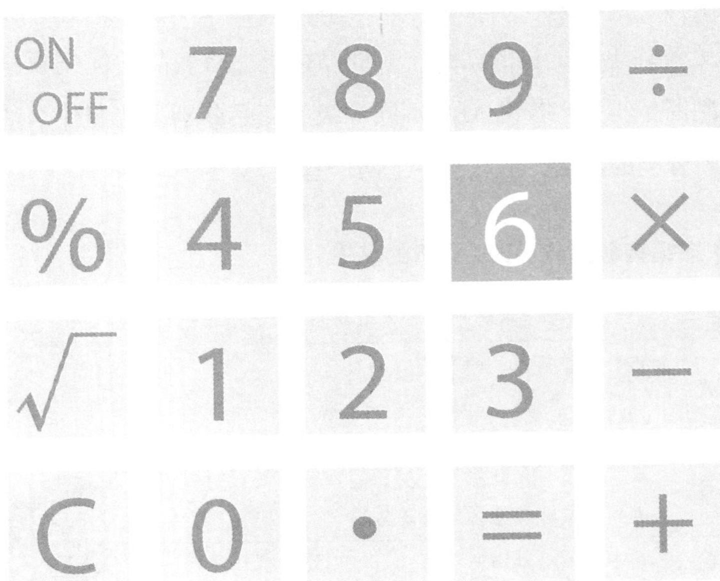

6-1 更新菜单时不可或缺的ABC分析法

在更新菜单的时候，为了弄清楚“既能赚人气也能赚毛利润的商品是什么”“不受欢迎也赚不到太多利润的商品是什么”等问题，需要对菜单进行分析。在对数值进行分析的基础上，再来决定菜单中哪些菜要保留，哪些菜要删掉。“这道菜点的人很多”仅凭感觉决定的话，销售额是不会提高的。这时候“交叉ABC分析法”是不可或缺的方法。

在对交叉ABC分析法做出解释之前，我先来说说普通的ABC分析法。“ABC分析法”指的是，将商品基于某个指标分为A级别、B级别、C级别三类，并基于三个级别进行分析的方法。在更新菜单时，目的就是“对商品分类，将商品的优先顺位作为判断依据”。若说ABC不同等级的商品分别是按照什么基准进行分类的的话，一般有以下两个基准。

把销售额当作ABC分析的基准

分类	销售额
A	占总销售额70%的商品（从高往低选取）
B	占销售额70%~90%的商品（除了A以外的占销售额排名前20%的商品）
C	剩下的10%的商品

●在销售额上使用 ABC 分析法

如果以 1 个月的数值为标准容易受季节影响而使数字出现偏差，所以以 3 个月为期收集的资料为基础来进行如下分析。

ABC 分析法的顺序（以“销售额”为基准的情况）

①将商品（单品）基于销售额的基准从高往低进行排列

②从高位开始按顺序算出累计销售额

③从累积销售额中计算出累计销售额构成比

④以累计销售额构成比为基准，从高位开始数前 70% 左右的商品归入 A 组，剩下的排在 70%~90% 左右的商品归入 B 组，排在最后的 10% 的商品归入 C 组。

把销售额当作 ABC 分析的基准

商品名	1 月	2 月	3 月	合计	构成比	累计构成比	分组
商品①	110 万日元	110 万日元	110 万日元	330 万日元	33%	33%	A
商品②	80 万日元	90 万日元	80 万日元	250 万日元	25%	58%	
商品③	40 万日元	40 万日元	50 万日元	130 万日元	13%	71%	
商品④	30 万日元	20 万日元	10 万日元	60 万日元	6%	77%	B
商品⑤	20 万日元	10 万日元	20 万日元	50 万日元	5%	82%	
商品⑥	20 万日元	10 万日元	20 万日元	50 万日元	5%	87%	
商品⑦	10 万日元	10 万日元	10 万日元	30 万日元	3%	90%	
商品⑧	10 万日元	10 万日元	10 万日元	30 万日元	3%	93%	C
商品⑨	10 万日元	10 万日元	10 万日元	30 万日元	3%	96%	
商品⑩	10 万日元	5 万日元	5 万日元	20 万日元	2%	98%	
商品⑪	20 万日元	0 万日元	0 万日元	20 万日元	2%	100%	
计 1,000 万日元							

★为了便于理解，金额都以 10 万日元为单位，省略了构成比的小数点。

●将销售额的 ABC 分析用坐标图来表示

下面的图表就是把上页的表格变成坐标图的样式。柱状图表表示销售额，折线图表表示累计销售额构成比。在这个例子中，商品①～商品③为 A 组，全部销售额为 1,000 万日元，A 组

◎某店铺的销售额 ABC 分析坐标图

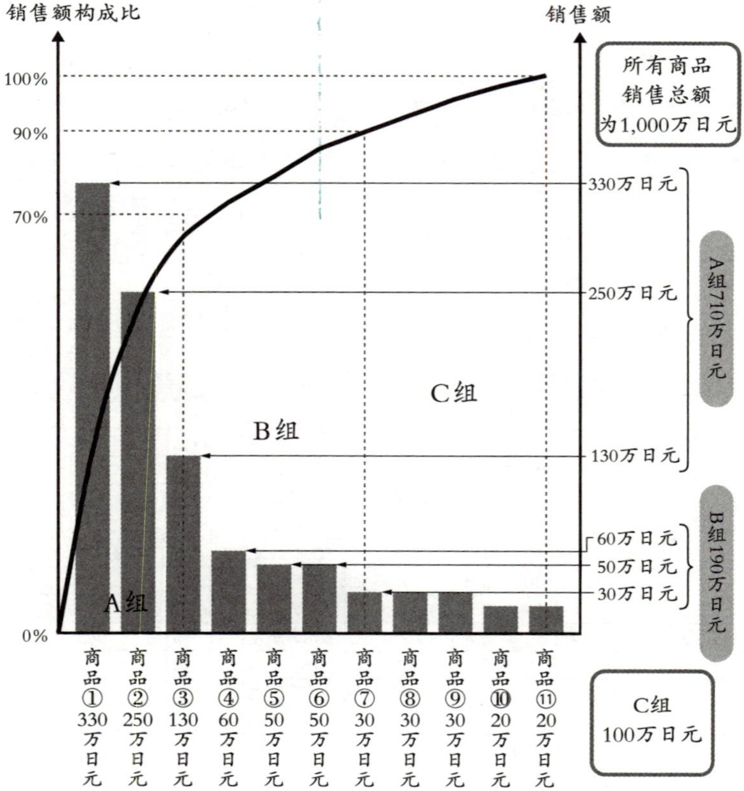

为 710 万日元，也就是，全体销售额的 71% 是由 A 组的 3 个商品贡献的。商品④ ~ 商品⑦为 B 组，销售额合计为 190 万日元，占总销售额的 19%。A 组 71% 的销售额加上 B 组 19% 的销售额，就是 90% 的销售额构成比。

剩下的商品⑧ ~ 商品⑪ 为 C 组，这组的销售额合计为 100 万日元，占总销售额的 10%。

● C 组是不必要的商品吗?

在进行 ABC 分析之际，能否对 C 组做出“C 组都是卖不出去的商品，可以将其作为滞销商品去掉”的判断?

由于 ABC 分析是一种相对评价，所以即使将 C 组的商品全部去掉，还会有新的 C 组商品产生。本身 C 组商品中，也有“销售额虽然低但是对利润（毛利润）有贡献的商品”存在的可能性。如果对利润有贡献，虽说是 C 组商品但也没有必要将其去掉。

如上所述，仅仅靠一般的 ABC 分析法有可能会去掉不应该去掉的商品，为了更进一步地详细分析，下面将会进行“交叉 ABC 分析法”。有关交叉 ABC 分析法的内容将在第 6 章 6–3 中进行说明。

6-2 毛利润的 ABC 分析法

●毛利润的 ABC 分析法

另外，还有毛利润的 ABC 分析法。毛利润不是指单品的毛利润，本节中所提到的毛利润，是 3 个月毛利润的总和。

假设商品①价格为 500 日元，成本率为 30%。这种情况下，商品①的成本为 150 日元，单品的毛利润为 350 日元。

但是，这里说的毛利润指的是，假设商品①在 3 个月内点单 6,600 个，商品① 3 个月的总销售额为 500 日元 ×6,600=330 万日元。那么，商品① 3 个月的毛利润为 350 日元 ×6,600=231 万日元。将这个数字按顺序排列来进行 ABC 分析。

把销售额当作 ABC 分析的基准

商品名	1月	2月	3月	合计	构成比	累计构成比	分组
商品①	77 万日元	77 万日元	77 万日元	231 万日元	33%	33%	A
商品②	56 万日元	63 万日元	56 万日元	175 万日元	25%	58%	
商品③	28 万日元	28 万日元	35 万日元	91 万日元	13%	71%	
商品④	21 万日元	14 万日元	7 万日元	42 万日元	6%	77%	B
商品⑤	14 万日元	7 万日元	14 万日元	35 万日元	5%	82%	
商品⑥	14 万日元	7 万日元	14 万日元	35 万日元	5%	87%	
商品⑦	7 万日元	7 万日元	7 万日元	21 万日元	3%	90%	
商品⑧	7 万日元	7 万日元	7 万日元	21 万日元	3%	93%	C
商品⑨	7 万日元	7 万日元	7 万日元	21 万日元	3%	96%	
商品⑩	7 万日元	3.5 万日元	3.5 万日元	14 万日元	2%	98%	
商品⑪	14 万日元	0 万日元	0 万日元	14 万日元	2%	100%	
合计 700 万日元							

*为了便于理解，金额都以 10 万日元为单位，省略了构成比小数点后的数字。

下面的图表就是把上面的表格变成坐标图的样式。柱状图表表示毛利润金额，折线图表表示毛利润构成比。商品①～商品③毛利润为 497 万日元（占总体的 71%），为 A 组。商品④～商品⑦，毛利润为 133 万日元（占总体的 19%），为 B 组。剩下的商品⑧～商品⑪，毛利润为 70 万日元（占总体的 10%），为 C 组。

某店铺的毛利润 ABC 分析坐标图

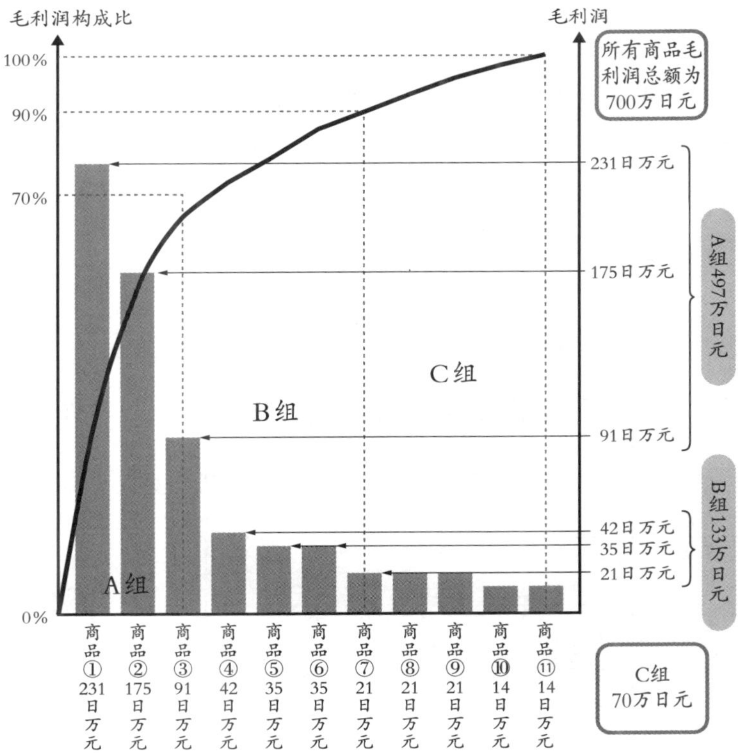

6-3 使用交叉 ABC 分析法来提高商品分析的精确度

●使用交叉 ABC 分析法对销售额和毛利润进行分析

如前所述，仅靠 ABC 分析法会产生把不该去掉的商品去掉的风险。而“交叉 ABC 分析法”就能弥补这个不足。这里，使用销售额与毛利润进行分析。

所谓交叉 ABC 分析法是指，把销售额分为 ABC 三个等级，毛利润也分为 ABC 三个等级，也就是说，3 个等级 ×3 个等级 =9 种模式组合。即：AA、AB、AC、BA、BB、BC、CA、CB、CC 这 9 种组合模式。例如，对 Y 店从商品①到商品 ⑪ 进行分析后，会得出下面的表格。

Y 店的销售额与毛利润的交叉 ABC 分析表

	销售额的 ABC 等级	毛利润的 ABC 等级
商品①	A	A
商品②	A	C
商品③	A	A
商品④	B	B
商品⑤	B	B
商品⑥	B	B
商品⑦	C	A
商品⑧	C	C
商品⑨	C	C
商品⑩	C	C
商品⑪	C	C

Y 店的销售额与毛利润的交叉 ABC 分析图

销售额 ABC

毛利润 ABC	C	B	A
A	商品⑦		商品① 商品③
B		商品④ 商品⑤ 商品⑥	
C	商品⑧ 商品⑨ 商品⑩ 商品⑪		商品②

商品⑦的销售额为 C 级，毛利润为 A 级。也就是说，商品⑦虽然对销售额无贡献，但对毛利润有贡献。这样的商品偶尔也是存在的。例如，把一般来说会丢弃不用的鳗鱼骨头油炸后做成脆饼，将牛舌根部做成炖菜等，这样的菜肴大受欢迎后就会出现在这个位置。虽然对销售额贡献不大，但是毛利润很高，所以对毛利润的贡献度很高。

另一方面，商品②的销售额为 A 级但毛利润为 C 级。这样的商品偶尔也会有。出现在这个位置的商品大多都是成本率高（几乎没有什么利润）的商品，也可以说是一开始就把商品成本计算错了的商品。

交叉 ABC 分析法的要点是，如下图所示，需要检查 4 个角。AA 是（对销售额有贡献、对毛利润有贡献）既受顾客欢迎也受店家欢迎的商品。作为店家应当将其列入“想卖的商品”备选清单中。

AC 是（销售额◎、利润 ×）成本率高销售量也高的商品。AC 对于顾客来说是有价值的商品，但是对于店铺的利润并无贡献。

对于这种商品有下面两种处理方法。

（1）去掉没有意义的商品

没有意义的商品指的是，准备的食材只能用在那种固定商品的情况下，就可以列入删除的候补名单了。

（2）有意义的商品或者留下或者提价

将成本计算错误而定价的商品，多数都会受到顾客的支持，有必要想办法考虑提价。

举个某餐厅的例子，推出售价为 680 日元的汉堡牛肉饼和炸虾套餐后，销量火爆。销售额的 ABC 分析为 A 级。但是毛利润的 ABC 分析为 C 级。这个商品提价了 200 日元后，点单数就减少了。

但是，像回转寿司这样的需要广泛招揽顾客的商品，成本率占了价格的 90%，以低定价为目标来吸引顾客的情况下，就可以保持原有战略不变。

交叉ABC分析的要点

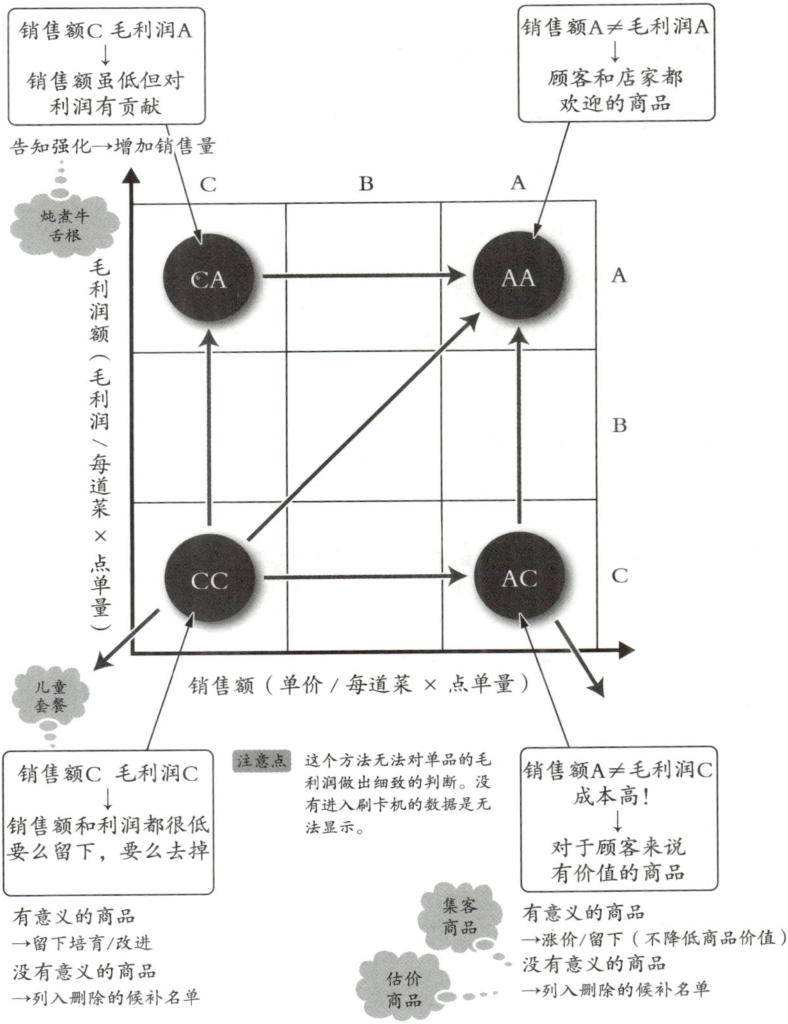

注意点　这个方法无法对单品的毛利润做出细致的判断。没有进入刷卡机的数据是无法显示。

●销售额和毛利润均低的商品该怎么办?

对于 CC 级（销售额 ×、毛利润 ×）商品，处理方法和之前举的例子是相同的。也就是:（1）没有意义的商品删除;（2）有意义的商品留下或培育。

这里所说的“有意义的商品”，例如儿童套餐这类商品。因为有儿童套餐，所以家庭就餐客会来光顾消费，这就是有意义的商品。

另外，上面的图表中→（箭头）的方向，表示努力的方向。从分析结果与经营者和一线工作人员的判断来看，商品的 4 种定位是，从（1）销售好的商品、（2）想卖的商品、（3）展示的商品、（4）删掉的商品中决定候补名单。

CA 级（销售额 ×、毛利润◎）商品的战略是“告知强化”。因为是赚钱的商品，所以要加大销售力度。

通常来说，这种交叉 ABC 分析，是通过收银 POS 机的数据来进行的，即便缺少数据也大概能够估算出每道菜品的毛利润。这种情况下多数是手动计算，大概计算一下即可。毕竟最终目标是对商品进行分组。

●通过交叉 ABC 分析更新菜单和价格

下面我为大家介绍一家英式酒吧的例子，该店通过交叉 ABC 分析明确了畅销商品后，在 3 个月创下了销售额历史新高。

这家店的店主原本就职于某外企，为了摆脱朝九晚五的职员生活开了这家英式酒吧。但是两年过去了，无论他怎么努力销售额一直不见起色。在对店铺经营现状做出调查后，我发现该店具有竞争力的产品竟然是爱尔兰吉尼斯黑啤，该啤酒清晰地分为黑和红两层，而且老板的性格（喜欢聊天）和老板娘制作的菜肴也都很有特色。

因此，我们便决定将店铺经营理念的方向定为“品尝爱尔兰吉尼斯黑啤和（老板娘）亲手制作的菜肴（下酒菜）”，更进一步，结合菜单单品分析结果，想出了一个让顾客对“英式酒吧”的定位一目了然的名字。根据经营理念实施了交叉 ABC 分析，对菜单的菜品做了删除或调整。

而且，确立了菜品定价全部以 100 日元为单位标出、不销售 1,000 日元以上菜品的方针。结果就是，由于菜单上没有了 4 位数金额的菜品，消除了顾客对店铺的警戒心。

店铺最受欢迎的商品（畅销商品）就是分层啤酒，原本售价为 900 日元时利润就很少，索性还是定价 900 日元促使顾客增大点单量，采取的是薄利多销的战略。

定价全部在 1,000 日元以下，以 100 日元为单位标出的事例

ウイスキー

Aaron自慢のウィスキー！世界各地から豊富に取り揃えております！！

※各お酒のソーダ、トニックウォーター、ジンジャーエール、コーラ割は＋¥150になります

> 酒水单中威士忌的单价都低于1,000日元

■ ブレンディッドスコッチウィスキー

ザフェイマスグラウス　500円
スコットランドで一番人気のブレンドウィスキー

バランタイン12年　600円
12年熟成の深いコクを味わって下さい

ブラックボトル　600円
アイラ島の各ウィスキーとグレーンウィスキーを混ぜた名品

シーバスリーガル12年　700円
まろやかな口当たり、華やかな香り

オールドパー12年　700円
152歳まで生きたトーマスパーに因んで名づけられる

■ シングルモルトスコッチウィスキー

グレンリベット12年　600円
シングルモルトの代表作。深みある味。ｽﾍﾟｲｻｲﾄﾞ

グレンフィデック12年　600円
世界No１の売り上げ。軽くフレッシュな味。ｽﾍﾟｲｻｲﾄﾞ

グレンギリー10年　600円
かすかにスモーキーでまろやか。ﾊｲﾗﾝﾄﾞ。

ボウモア12年　700円
アイラの味がこれで分かる。ソーダ割り最適。アイラ島。

ダルモア12年　700円
非常にまろやか。女性に人気です。ﾊｲﾗﾝﾄﾞ。

ダルウィニー15年　800円
雪どけ水で仕込んだフルーティーな味。ﾊｲﾗﾝﾄﾞ。

ハイランドパーク12年　800円
オールラウンダーな名品です。アイランズ。

オーヘントッシャン10年　800円
マイルド＆ソフト。スコッチで唯一3回蒸留。ﾛｰﾗﾝﾄﾞ。

タリスカー10年　800円
IWSC金賞受賞作品！アイランズ。

ラフロイグ10年　800円
英国王室御用達ウィスキー。アイラ島

ビッグスモーク 60　800円
傑作限定品！アイラモルトのバッティング品。アイラ島

アードベッグ10年　800円
アイラモルト傑作品。相当匂います。アイラ島

ザ マッカラン12年　900円
シングルモルトのロールスロイス。ｽﾍﾟｲｻｲﾄﾞ。

クラガンモア12年　900円
しっかりしたコクだが飲み口柔らか。ｽﾍﾟｲｻｲﾄﾞ

ロイヤルロッホナガー12年　900円
ハイランドモルトの大傑作。英国王室御用達ハイランド

ブナハーブン12年　900円
心地よい潮の香り。最も軽いアイラモルト。アイラ島

カリラ12年　900円
切れ味抜群。アイラ島

グレンモーレンジマデラウッド　900円
マデラワイン樽で寝かせなおしました。ハイランド

グレンモーレンジシェリーウッド　900円
シェリー樽で寝かせなおしました。マスターイチ押し。ハイランド

最终结果就是，该店的上门消费顾客、顾客客单价都增加了，两个月左右的销售额与去年同期相比提高了 30%，到了第 3 个月销售额比去年同期竟提高了 46%。

6-4 从商品种类搭配角度考虑菜单制作

●用“T型范畴”考虑商品种类搭配

在菜单范畴意义上说的“广度”，指的就是范畴的种类（数量）。例如酒类，范围有日本酒、啤酒、威士忌、烧酒、红酒、果酒等。销售范围越广越受顾客喜爱。

总体范畴的种类（数量），一般使用“广泛”“狭窄”等词来表达。所谓的“T型范畴”，指的是在特定范畴中商品数量与商品的多样性，用“深的”“浅的”来表达。商品范畴一般用广度和深度来调节。

例如，“我们备有100种酒”这对于顾客来说没有太多吸引力（在不限量随便喝的酒馆，有必要强调酒的种类）。比起刚才的宣传，“我们备有100种高品质烧酒”或者“我们备有100种梅酒”，在特定的范畴中去强调商品种类，有明确的差异化才会吸引顾客。也就是如“T”字母的形状一般，范畴的范围很广，同时选取什么范畴的商品搭配来一决胜负。用于一决胜负的商品范畴应该和该店的经营理念契合。再有，用于一决胜负的商品范畴以外的商品，只要备齐最低限度的商品种类即可。

实践 T 型范畴增加销售额

这里向各位介绍一个卖猪内脏的 A 店的例子，该店通过实践 T 型范畴，尽管每道菜单价都很便宜但由于较高的客单价，使得店铺生意十分兴隆。

这家店很好地向顾客传达了经营理念：因为肉类批发商直营，所以能够提供新鲜的肉，以此实现了高品质低价格，最终店铺实现了客单价 4,000 日元的销售。

该店成功的主要原因在于，商品种类搭配的深度与价格战略。商品种类搭配的深度，是指发挥了肉类批发商直营店的优势配齐了种类丰富的肉类，除此之外饮料的品种也非常丰富。

该店的酒水单，正面印有“果酒”和“软饮料”，反面是“梅酒”“烧酒”“日本酒和米酒”“生啤”“扎啤”等。可以从果酒看出来酒水单范畴的深度。

这家店周末上门的顾客中以家庭为单位的居多，为了满足家庭主妇的需求，该店拓展了果酒的深度。这就是“T 字形的一竖”。酒水单反面，内容是周一到周五的工作日面向职场男性出售的酒类。不看酒水单就点单的顾客居多，商品范畴数虽多，但索性将商品种类压缩，就成了“T 字形的一横”这就是对范畴进行调节的例子。

在价格设定上，为了让请客的人能有底气说出“大家尽管点自己喜欢的吃”，店家也是花了一番心思的。该店最贵的一道菜价格是 680 日元，全部菜品单价都控制得很低。在低定价的店里，顾客的警戒心得以解除，点菜时的心理限制也不复存在。一般来说，客单价会增加，因为顾客在店里吃得很满意，即便客单价为 4,000 日元，顾客也会认为该店是一家既便宜又好吃的店。

酒水单中 T 型范畴的事例

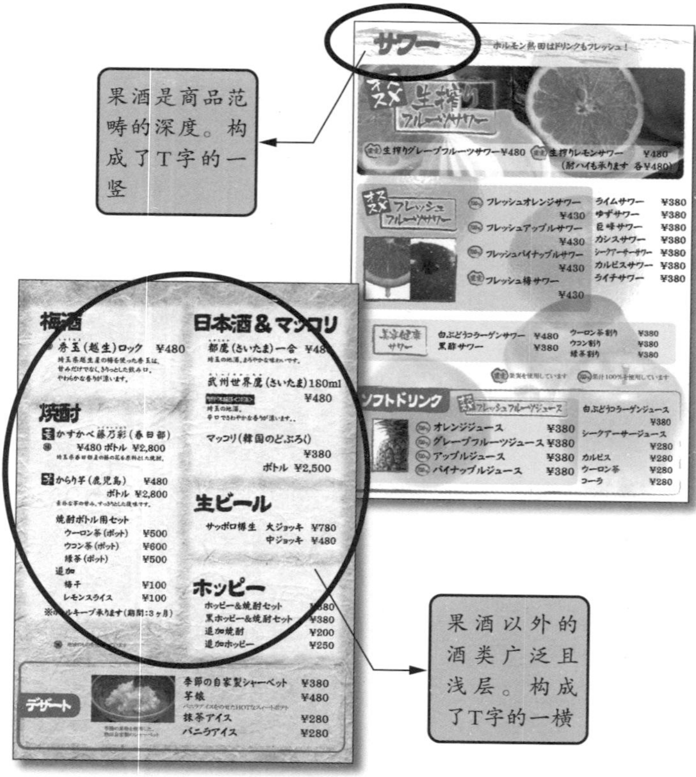

6-5 考虑好价格的作用后再定价

●站在顾客的角度定价

我来举一个经常看到的有关定价的例子，“950 日元、930 日元、900 日元”这样的价格排列经常能看到。这些商品的价格差设定在 20 日元、30 日元。这些微妙的价格差，到底意味着什么呢？

店家这样定价的原因如下，①成本不同；②本身菜品的价值不同；③哪怕一点儿也好要让顾客觉得便宜。

但是，这些价格差对于店家或许有意义，对于顾客却毫无意义。顾客又不知道菜品的成本，点菜的时候也不会考虑成本价。当然，这也和店铺的经营形态、顾客消费动机有关联，不过 20 日元、30 日元的价格差异，对于顾客起不到任何宣传的作用，顾客也没有太在意这些吧。这么想来，就算变成一样的价格，也能预想到点单量不会发生太大变化。“减去对顾客来说毫无意义的价格线”是必须遵守的铁则。

●顾客从什么地方判断价格的高低？

从另外一个观点看，顾客对于该店铺是高消费还是低消费的印象，以此来决定该店铺价格的上限。在制作菜单的时候，首先要从设定上限价格开始。诀窍是先确定店铺的上限价格，然后基于上限价格的框架内再去定价。

●价格的 3 种作用

价格的作用，大致可以分为以下 3 种。

价格的 3 大作用

①价格可以使店铺获得利润

②价格可以向客人传达店铺的信息

③价格可以向竞争的同行传达店铺的信息

①指的是，价格可以让你的店获得利润。原则上，价格是为了获得利润而设定的。当然有为了吸引顾客上门不为利润而设定的价格。但总体来说，都是为了获利而存在的手段。

②是指，价格起到了与顾客进行交流的作用。根据菜单上设定的价格，比如定价较高的店，顾客就会抱有“菜品味道很好”“菜品选材考究”“服务很好”等预期。

③是向竞争的同行传达讯息。自己的店铺在进行菜单更新的时候，我想一定有过到竞争店铺调查菜单后再定价的经历。菜单上的定价，已成为店铺表达理念或方针的一种信号。

6-6 对留在顾客记忆中的价格要格外注意

●在变更价格时需要注意什么?

价格变更，特别是涨价的时候，“一定要注意留在顾客记忆中的价格”。一般来说，顾客记不住菜单上列出的各菜品的价格。但是，顾客能记住“那家店铺菜的价位大多是600日元左右”。

在进行价格变更的时候，必须要对顾客记忆中的价格多加留意再去改变。相反，变更顾客没有太多印象的菜品的价格，也是一种有效的做法。

●何谓留在顾客记忆中的价格

下面我来具体举例说明，什么是留在顾客记忆中的价格。

①客单价（支付金额）

在结账时的价格（支付价格），点单内容和以前相同的条件下，价格贵出许多的话顾客就会想“菜的价格整体上涨了”。有的店铺在更新菜单的时候，特意不改变客单价（或者是降低）而进行价格设定，这就是原因之一。

②点单频率高的商品

其次就是点单频率高的商品的价格。点单频率高的商品，因为点的顾客多，所以容易留在顾客的记忆里。因此，对于点单频率高的菜品的提价要特别注意。反之，点单频率不高的菜，顾客对其价格印象不深，可以列入提价候补中。

③商品数量集中的价格带

在菜单中商品数量集中的价格带，会留在顾客记忆里。比如举个极端的例子，串烧烤肉店中，假设 1 串售价为 90 日元的串大概有 30 个品种。如果菜单中单品的种类共计是 70 种，那么顾客对 90 日元一定有深刻记忆。

④最低价格 & 最高价格

最后，要说明的是最低价格和最高价格。最低价格和最高价格的价格带，还是很引人注目的。任何人都会记排名第一的内容。“日本最高的山是富士山，那么第二高的山是什么？”常会有这样的智力题，但是人们往往关心第一，对于第二则很难记清楚。因此，在改变最低价格和最高价格时务必要小心。

6-7 提前了解定价的诀窍

●价格的种类要少，一目了然

价格的种类（数量）称为“价格线”。登在菜单上的价格种类越少越好。为什么这么说，那是因为这样可以省去顾客一一斟酌价格的时间，对于店家来说，计算价格时也能减少出错。那么，怎么定价为好呢？

首先，我们来实践一下“8 与 9 法则”。例如，给金额末尾加上“8”就能演绎出便宜的感觉。一般来说不定为 500 日元而定为 480 日元。490 日元里的“9”也是常用数字，但原本在日本，人们对于“8”这个数字的抵触感较少。

另外“9”这个数字在美国经常使用。在美国可以经常看见 99 美分、999 美元等末尾加 9 的例子。如今外资连锁店进入日本，日本也慢慢受到影响经常可以看见使用“9”来定价了。

●价格线的下限与上限

从一般顾客的感觉来说，对于商品或店铺贵贱与否的判断，是受贵的商品或便宜的商品的价格幅度影响的。最贵商品与最便宜商品价格的幅度称之为“区间”。区间越大，顾客越容易困惑，店铺的经营理念也越模糊。诀窍是将其抑制在两倍以内。也就是，最便宜商品和最贵商品的价格差控制在两倍以内。

拿红酒来举例，最低价为3,000日元左右的话最贵就设为6,000日元。最贵价格为9,000日元的话，那么点3,000日元红酒的顾客的满意度就会下降。价格设定的要诀在于："少设价格线""压缩价格区间"。

●设定成顾客一目了然的价格后销售额实现翻倍

在这里向各位介绍一家日式酒馆P的事例，这家酒馆将价格设为顾客一目了然的价格后，销售额成功翻倍。

这家店与菜单更新前相比，半年时间销售额增加了90%。以前店里周日正常营业，也做午餐生意，但现在周日休息，不做午餐生意了，销售额仍然能增加。

这家店原本经营的是"泰国菜与越南菜"，但是生意一直不太好。因此，店主下定决心决定改变泰国菜与越南菜的业态。

具体措施就是，重新构建经营理念，明确卖点、店铺特色、宣传点。店主在调查清楚附近没有经营炖菜或串烧的菜馆后，决定以"炖菜和串烧"为定位，将菜单中串烧的价格统一定为顾客一目了然的130日元。如第6章6–4中已经提到，这家店实现了"T型范畴"，串烧菜单也有深度。所以一概不用优惠券等方式搞打折。

其结果是，该店与上年度12月相比，次年7月销售额增加190%。另外，上年度12月每坪对应的销售额为10万日元，7

月增加到 19 万日元，到 10 月实现了每坪销售额超过 20 万日元的业绩。真真正正地可以列入生意兴隆的旺铺了。

将菜单定价更新为顾客一目了然的价格的事例

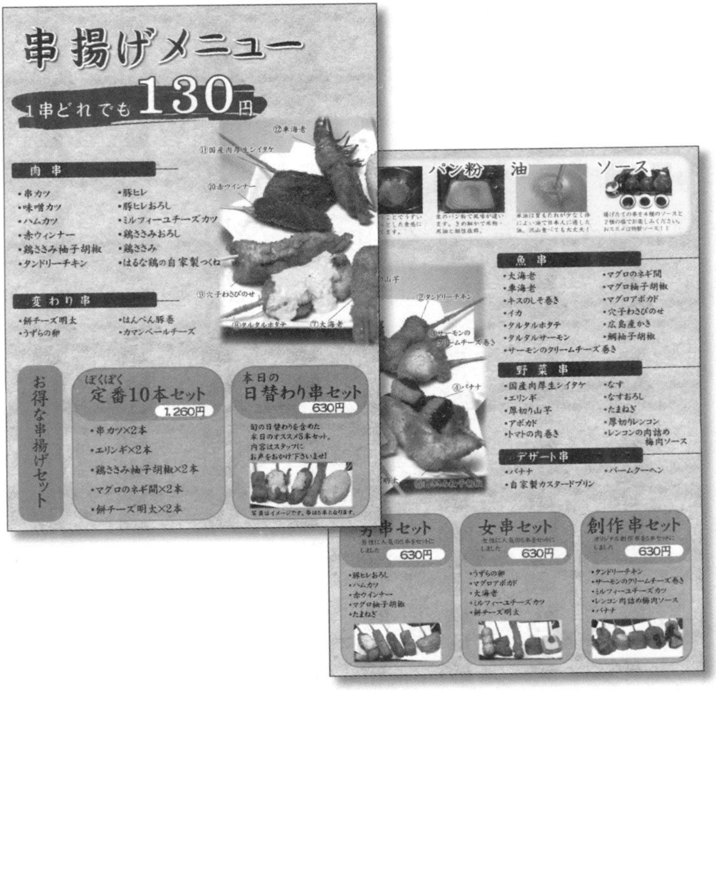

6-8 与竞争者拉开差距并获得顾客喜爱的价格是什么？

●与竞争者拉开差距的展示方法

为了不让顾客用价格去选择消费，“如实地告知价格”非常重要。这在其他行业业界是理所当然的事，但是餐饮业却很难做到这一点。

例如人们经常会看到“3,000 日元套餐”“4,000 日元套餐”这样的以价格来给套餐命名的店铺。我不太推荐这么做。从顾客的角度来看，或许会问：“你会出 3,000 日元还是 4,000 日元？”当然也不要起“花套餐”“松套餐”这样抽象的名字。

不使用上面提到的命名方式，而是“时令蔬菜和〇〇套餐”，能够宣传菜品内容或魅力的命名方式为好。

再者，将相同价格的物品放在一起，也是行之有效的办法，例如，“全部 3,000 日元，有 3 种套餐可选”！这样无论选哪一种价格都相同，顾客不必通过价格进行判断，只需考虑套餐中的内容来做决定。那才是原本意义的“购物”。不用价格而是用内容去决定，顾客的满意度也会提升。将相同价格的商品全部摆在一起，回头客比率也会提高。在相同价格中可以挑选不同内容。

●成本率在总体上合适即可

前文提到，餐饮店 FL 成本（成本率 + 人员工资）必须控制在销售额的 60% 以内。其中，根据业种与业态不同，要把成本率控制在 30% 左右。但是，并不是说要把每件商品的成本率控制在 30% 左右。

假设成本率为 30% 的情况下，也有将所有菜品的成本率都设定为 30% 再去定价的店铺。但实际上成本与顾客无关，因为那是店铺的事情。

重要的是站在顾客的角度，思考“这个商品售价多少对顾客才有吸引力？是否合适”等问题。例如，回转寿司或烤肉店，成本率有 10% 的，也有 60%~70% 的。其中也有成本率为 100%（进货价格 = 销售价格！）的商品。也就是说，要分清吸引顾客的商品、赚钱的商品和想卖出的商品，商品总体的成本率合适即可。这称为“混合毛利润”。

小专栏

3:7 法则

或许您知道“二八法则”或“帕累托法则”。这个法则说的是，这世界上占比 2 成的原因会导致占比 8 成的结果。

比如说，“2 成的顾客会贡献 8 成的销售额”；“2 成的商品会带来 8 成的销售额或利润”等。

但是从我迄今为止的经验来看，在餐饮业实际上是“3:7 法则”在起作用。也就是，“3 成的顾客会贡献 7 成的销售额”；“3 成的商品会带来 7 成的销售额或利润”。迄今为止，在分析了多家餐饮店的数据后，我发现大多数都是 3:7 法则。反过来思考，首先店铺必须抓住“贡献了 7 成销售额的那 3 成顾客是谁？”“提升了 7 成销售额的那 3 成商品是什么？”这些问题。

当然，不是主观臆断或推测，而是基于“数据”说话。看过数据后，往往发现数据和主观臆断、推测大相径庭。在此基础上，受客人欢迎同时也能为店铺盈利这样的共赢商品为 3 成，那么想办法提高这 3 成商品的销售量、提高其市场占有率的话，就可以提高销售额或利润。

卷末资料

餐饮店常用表格

抓住基本数据把店铺的数字填进去试试看吧

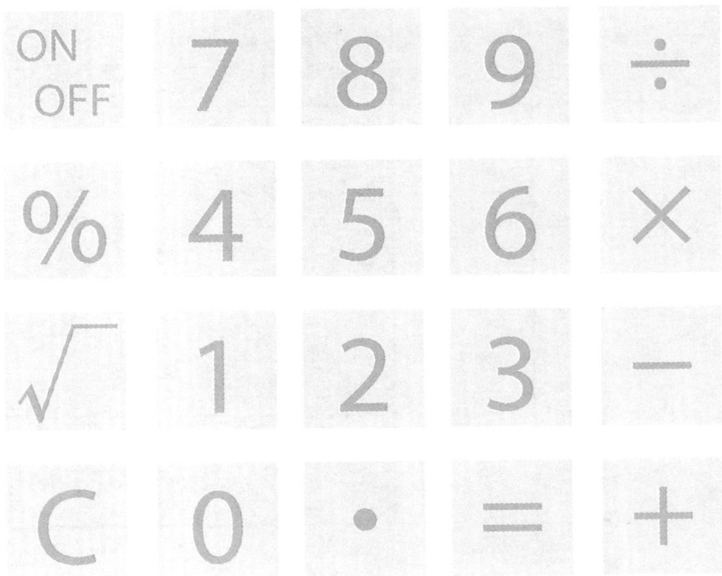

餐饮店的基本数据表格

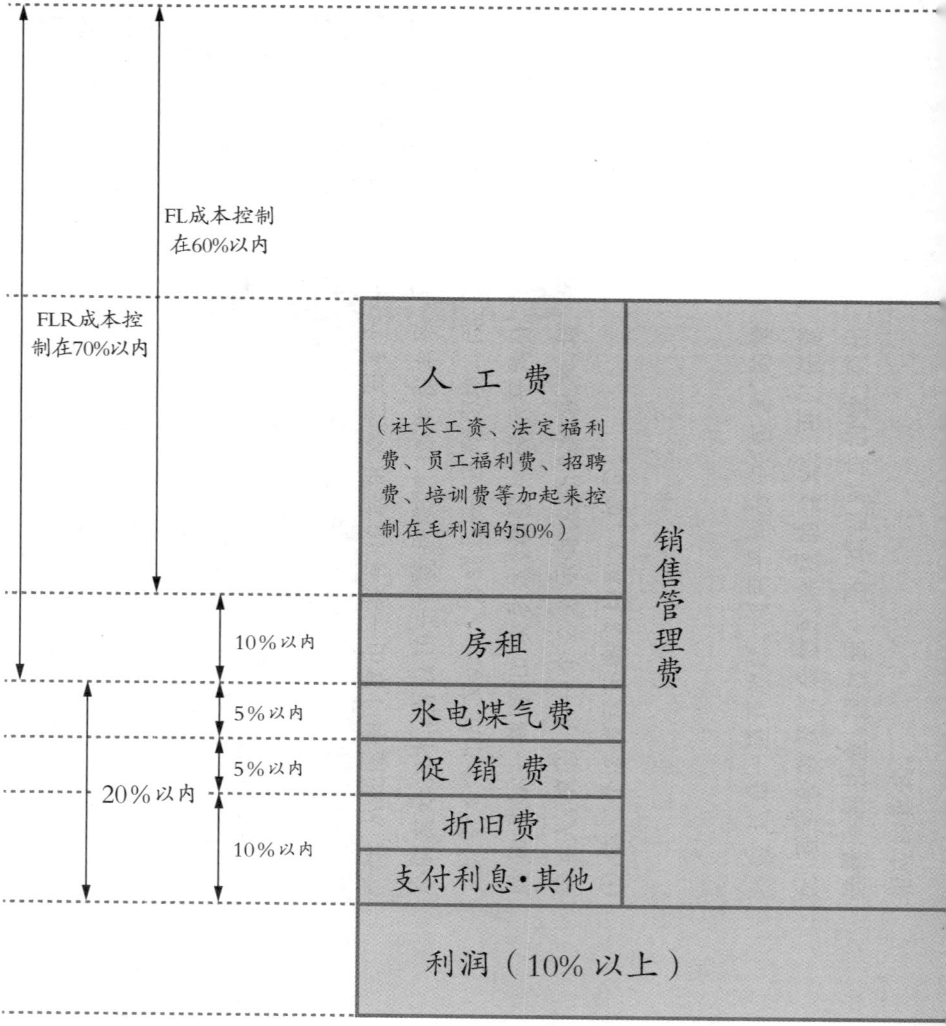
FL成本控制
在60%以内
FLR成本控
制在70%以内
人工费
（社长工资、法定福利费、员工福利费、招聘费、培训费等加起来控制在毛利润的50%）
10%以内
房租
5%以内
水电煤气费
5%以内
促销费
20%以内
折旧费
10%以内
支付利息·其他
销售管理费
利润（10%以上）

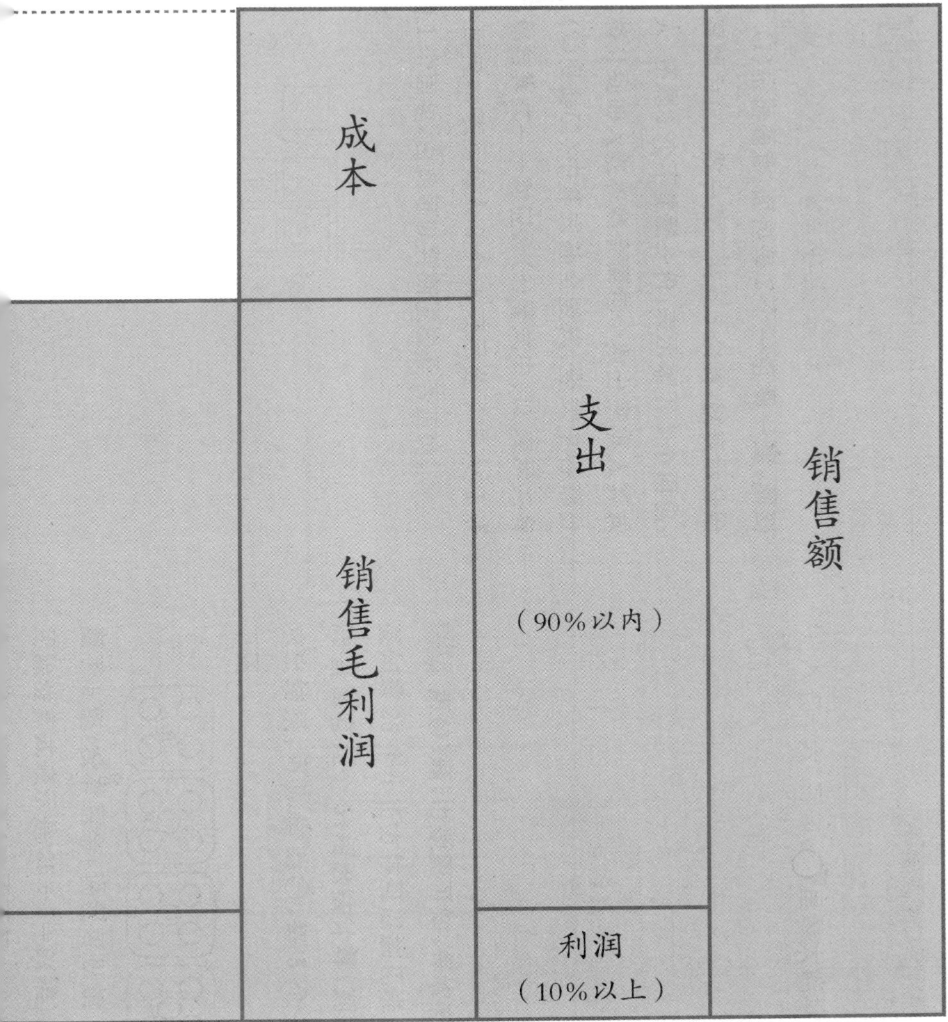

●卷末资料可以从下面的网站下载。
http://hanjoukai.com/hanjokaibooku_1012.html

餐饮店的基本数据表格（模板）

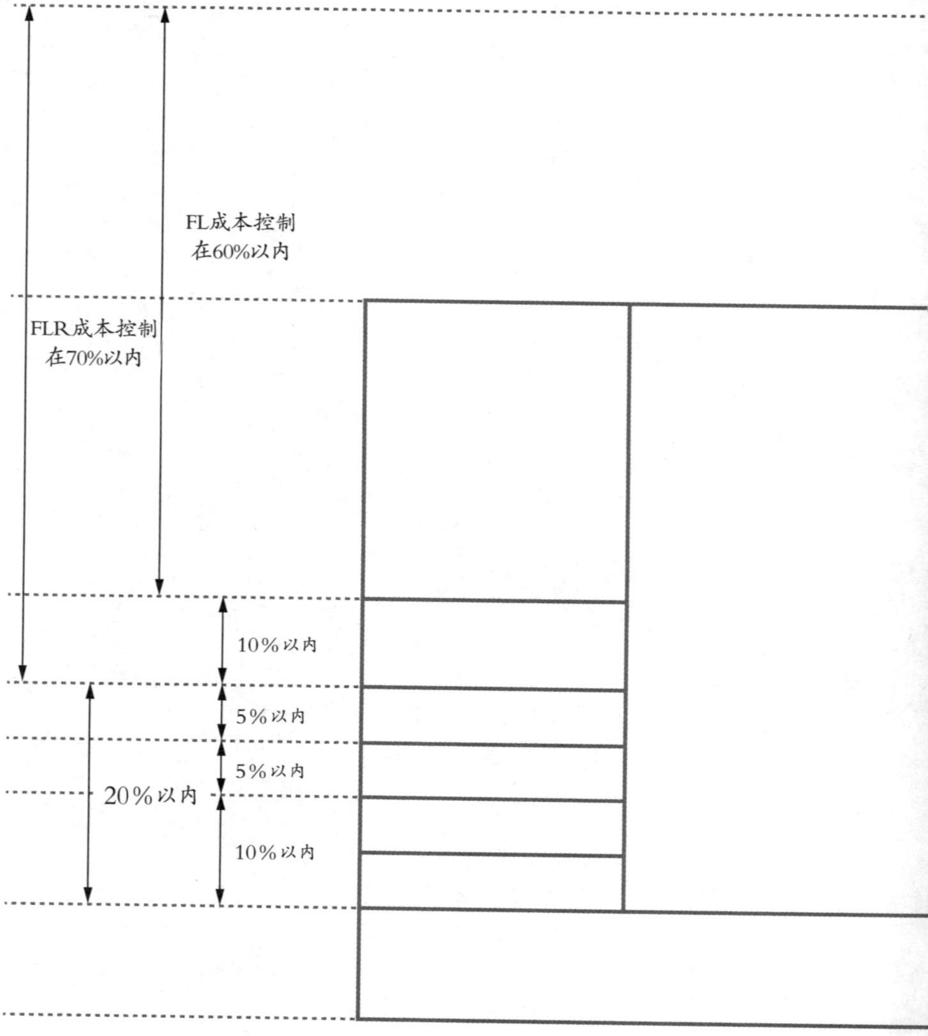

※首先把现在的数据填入该表，计算一下各部分所占比率。然后再把目标数字填写进去就能计算出二者的差额。针对差额展开解决对策。

●卷末资料可以从下面的网站下载。
http://hanjoukai.com/hanjokaibooku_1012.html

食材成本表模板

食材名															
10克单价															

※纵轴填入菜品名称，横轴填入食材名称

														合计成本	售价	成本率

●卷末资料可以从下面的网站下载。
http://hanjoukai.com/hanjokaibooku_1012.html

边际收益

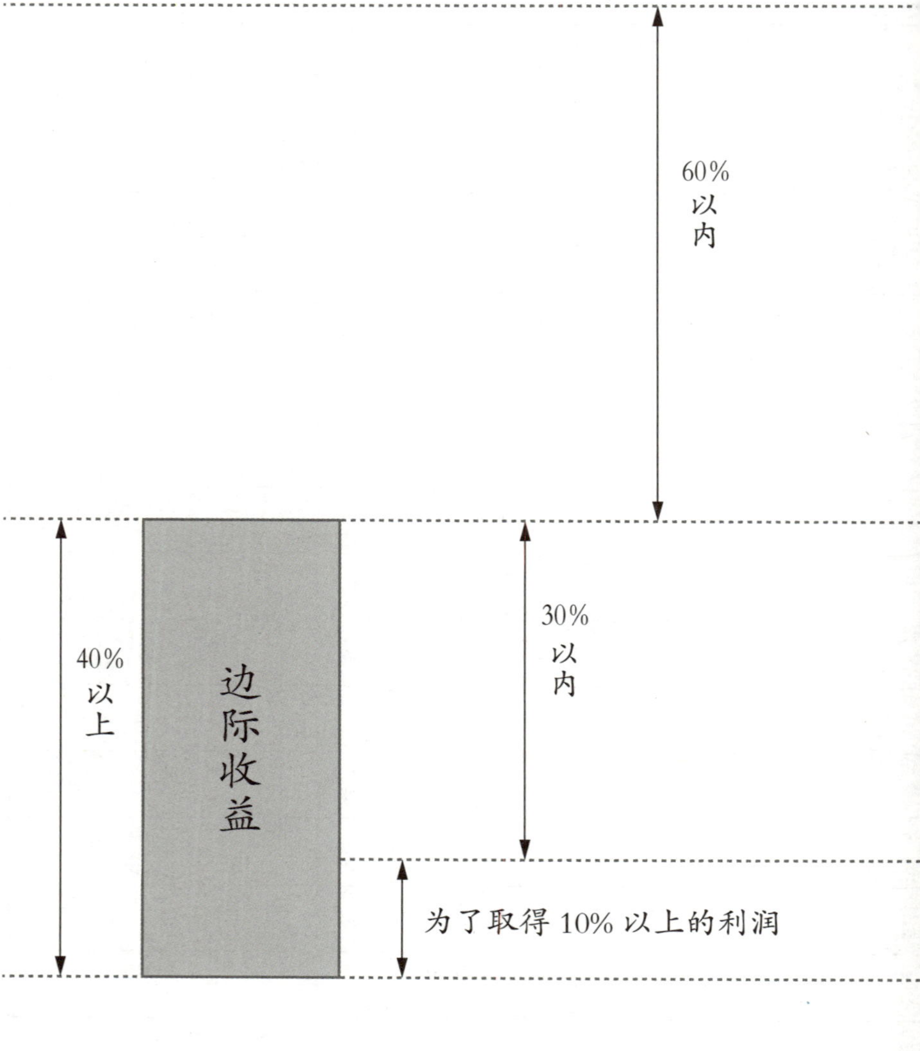

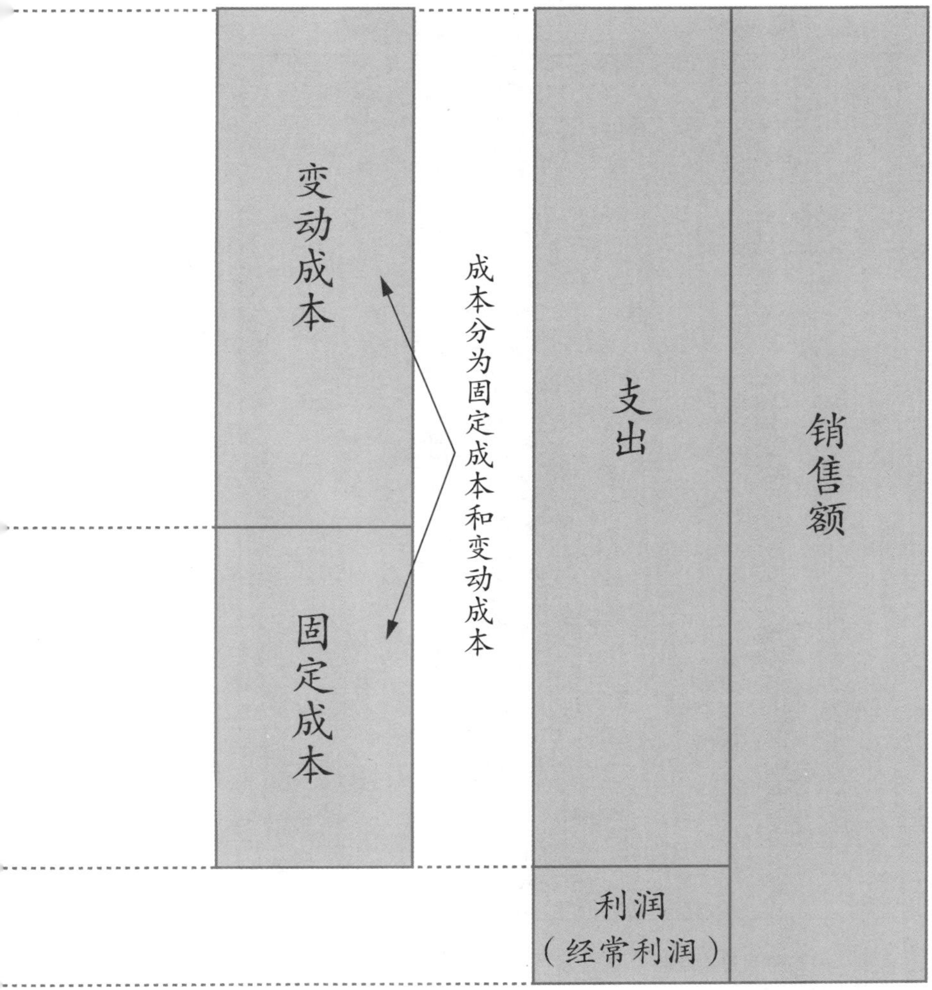

●卷末资料可以从下面的网站下载。
http://hanjoukai.com/hanjokaibooku_1012.html

资产负债表

资产	负债与资本
（流动资产） 现金及存款 应收货款 库存　等 ※预计1年以内变现的资产	（流动负债） 应付货款 短期借款 等 ※预计1年以内归还的债务
（固定资产） 房产 设备 土地　等 ※预计超过1年变现的资产	（固定负债） 长期借款 等 ※预计超过1年归还的债务
	（资本） 资本金 剩余利润　等
合计	合计

他人资本（流动负债、固定负债）

自有资本（资本）

运用……如何利用筹集到的资金盈利？ ← 筹款……如何筹集资金？

损益表

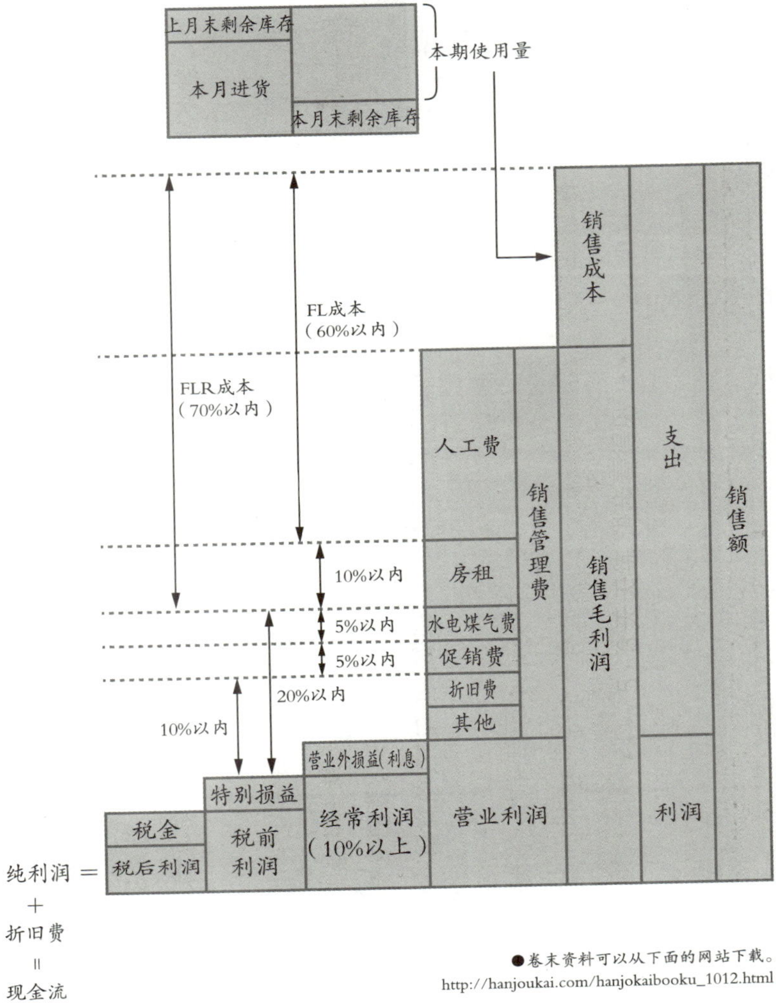

●卷末资料可以从下面的网站下载。
http://hanjoukai.com/hanjokaibooku_1012.html

◎资产负债表模板

<table>
<tr><td rowspan="2">(　　　　　　　　)

(　　　　　　　　)</td><td>(　　　　　　　　)

(　　　　　　　　)</td></tr>
<tr><td>(　　　　　　　　)</td></tr>
<tr><td>合计</td><td>合计</td></tr>
</table>

【运用……如何利用筹集到的资金盈利?】 ← 【筹款……如何筹集资金?】

※企业法人请把相关数据填入这张表格进行经营比率分析。

损益表模板

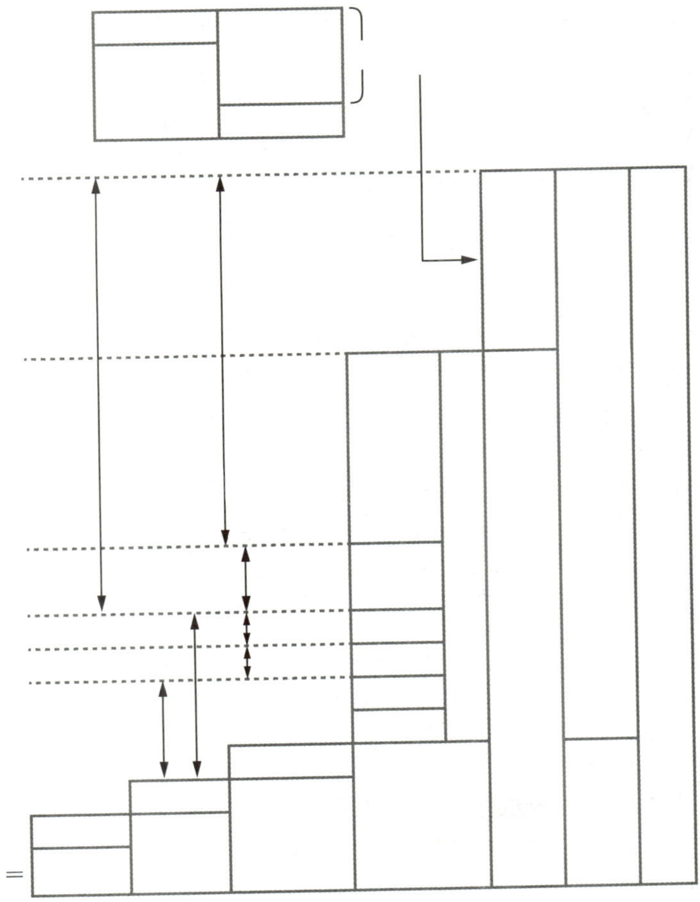

※企业法人请把相关数据填入这张表格进行经营比率分析。

●卷末资料可以从下面的网站下载。

http://hanjoukai.com/hanjokaibooku_1012.html

从数据来看业态战略表格

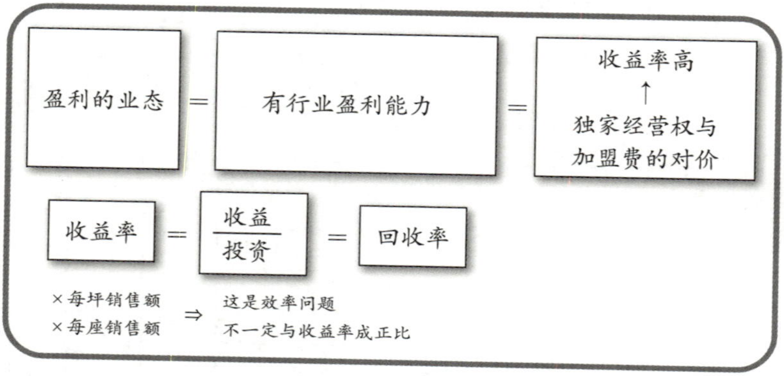

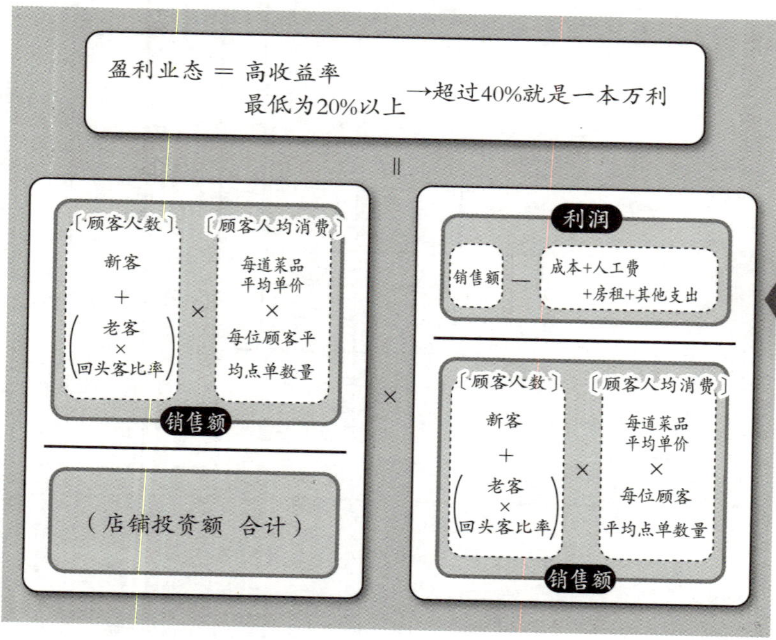

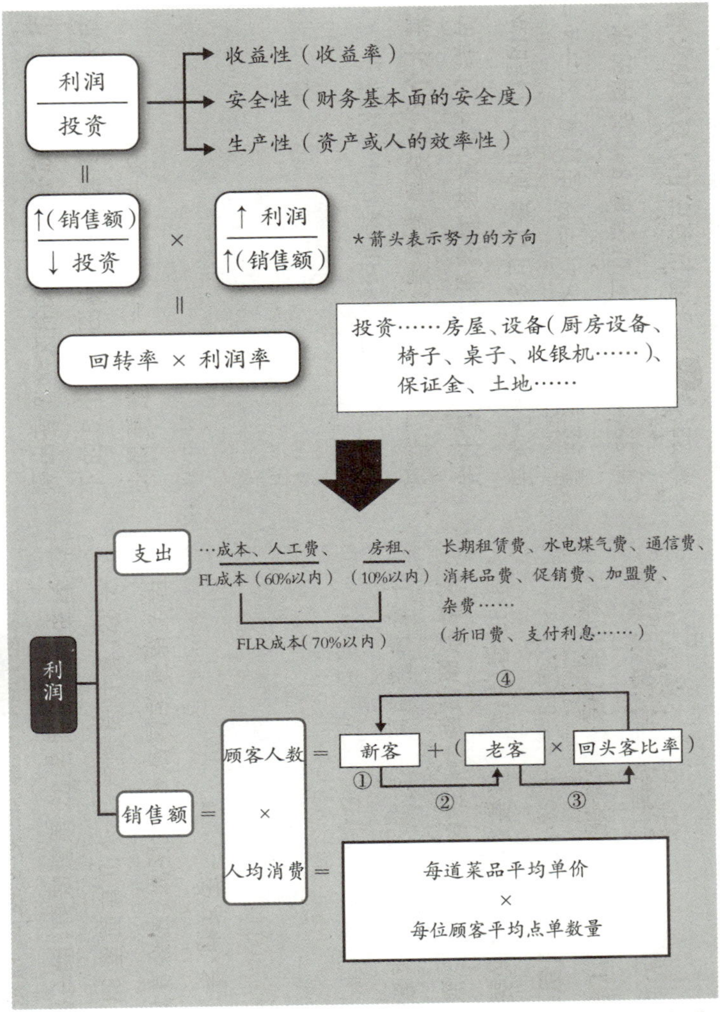

●卷末资料可以从下面的网站下载。
http://hanjoukai.com/hanjokaibooku_1012.html

“服务的细节”系列

《卖得好的陈列》：日本“卖场设计第一人”永岛幸夫

定价：26.00 元

《为何顾客会在店里生气》：家电卖场销售人员必读

定价：26.00 元

《完全餐饮店》：一本旨在长期适用的餐饮店经营实务书

定价：32.00 元

《完全商品陈列 115 例》：畅销的陈列就是将消费心理可视化

定价：30.00 元

《让顾客爱上店铺 1——东急手创馆》：零售业的非一般热销秘诀

定价：29.00 元

《如何让顾客的不满产生利润》：重印 25 次之多的服务学经典著作

定价：29.00 元

《新川服务圣经——餐饮店员工必学的 52 条待客之道》：日本“服务之神”新川义弘亲授服务论

定价：23.00 元

《让顾客爱上店铺 2——三宅一生》：日本最著名奢侈品品牌、时尚设计与商业活动完美平衡的典范

定价：28.00 元

《摸过顾客的脚才能卖对鞋》：你所不知道的服务技巧，鞋子卖场销售的第一本书

定价：22.00 元

《繁荣店的问卷调查术》：成就服务业旺铺的问卷调查术

定价：26.00 元

《菜鸟餐饮店 30 天繁荣记》：帮助无数经营不善的店铺起死回生的日本餐饮第一顾问

定价：28.00 元

《最勾引顾客的招牌》：成功的招牌是最好的营销，好招牌分分钟替你召顾客！

定价：36.00 元

《会切西红柿，就能做餐饮》：没有比餐饮更好做的卖卖！ 饭店经营的“用户体验学”。

定价：28.00 元

《制造型零售业——7-ELEVEn 的服务升级》：看日本人如何将美国人经营破产的便利店打造为全球连锁便利店 NO.1！

定价：38.00 元

《店铺防盗》：7 大步骤消灭外盗，11 种方法杜绝内盗，最强大店铺防盗书！

定价：28.00 元

《中小企业自媒体集客术》：教你玩转拉动型销售的 7 大自媒体集客工具，让顾客主动找上门！

定价：36.00 元

《敢挑选顾客的店铺才能赚钱》：日本店铺招牌设计第一人亲授打造各行业旺铺的真实成功案例

定价：32.00 元

《餐饮店投诉应对术》：日本 23 家顶级餐饮集团投诉应对标准手册，迄今为止最全面最权威最专业的餐饮业投诉应对书。

定价：28.00 元

《大数据时代的社区小店》：大数据的小店实践先驱者、海尔电器的日本教练传授小店经营的数据之道

定价：28.00 元

《线下体验店》：日本 "体验式销售法" 第一人教你如何赋予 O2O 最完美的着地！

定价：32.00 元

《医患纠纷解决术》：日本医疗服务第一指导书，医院管理层、医疗一线人员必读书！ 医护专业入职必备！

定价：38.00 元

《迪士尼店长心法》：让迪士尼主题乐园里的餐饮店、零售店、酒店的服务成为公认第一的，不是硬件设施，而是店长的思维方式。

定价：28.00 元

《女装经营圣经》：上市一周就登上日本亚马逊畅销榜的女装成功经营学，中文版本终于面世！

定价：36.00 元

《医师接诊艺术》：2 秒速读患者表情，快速建立新赖关系！ 日本国宝级医生日野原重明先生重磅推荐！

定价：36.00 元

《超人气餐饮店促销大全》：图解型最完全实战型促销书，200 个历经检验的餐饮店促销成功案例，全方位深挖能让顾客进店的每一个突破点！

定价：46.80 元

《服务的初心》：服务的对象十人百样，服务的方式千变万化，唯有，初心不改！

定价：39.80 元

《最强导购成交术》：解决导购员最头疼的 55 个问题，快速提升成交率！

定价：36. 00 元

《帝国酒店——恰到好处的服务》：日本第一国宾馆的 5 秒钟魅力神话，据说每一位客人都想再来一次！

定价：33. 00 元

《餐饮店长如何带队伍》：解决餐饮店长头疼的问题——员工力！ 让团队帮你去赚钱！

定价：36. 00 元

《漫画餐饮店经营》：老板、店长、厨师必须直面的 25 个营业额下降、顾客流失的场景

定价：36. 00 元

《店铺服务体验师报告》：揭发你习以为常的待客漏洞　深挖你见怪不怪的服务死角　50 个客户极致体验法则

定价：38. 00 元

《餐饮店超低风险运营策略》：致餐饮业有志创业者 & 计划扩大规模的经营者 & 与低迷经营苦战的管理者的最强支援书

定价：42. 00 元

《零售现场力》：全世界销售额第一名的三越伊势丹董事长经营思想之集大成，不仅仅是零售业，对整个服务业来说，现场力都是第一要素。

定价：38.00 元

《别人家的店为什么卖得好》：畅销商品、人气旺铺的销售秘密到底在哪里？ 到底应该怎么学？ 人人都能玩得转的超简明 MBA

定价：38.00 元

《顶级销售员做单训练》：世界超级销售员亲述做单心得，亲手培养出数千名优秀销售员！ 日文原版自出版后每月加印 3 次，销售人员做单必备。

定价：38.00 元

《店长手绘 POP 引流术》：专治“顾客门前走，就是不进门“，让你顾客盈门、营业额不断上涨的 POP 引流术！

定价：39.80 元

《不懂大数据，怎么做餐饮？》：餐饮店倒闭的最大原因就是“讨厌数据的糊涂账”经营模式。

定价：38.00 元

《零售店长就该这么干》：电商时代的实体店长自我变革。

定价：38.00 元

《生鲜超市工作手册蔬果篇》：海量图解日本生鲜超市先进管理技能

定价：38.00 元

《生鲜超市工作手册肉禽篇》：海量图解日本生鲜超市先进管理技能

定价：38.00 元

《生鲜超市工作手册水产篇》：海量图解日本生鲜超市先进管理技能

定价：38.00 元

《生鲜超市工作手册日配篇》：海量图解日本生鲜超市先进管理技能

定价：38.00 元

《生鲜超市工作手册副食调料篇》：海量图解日本生鲜超市先进管理技能

定价：48.00 元

《生鲜超市工作手册 POP 篇》：海量图解日本生鲜超市先进管理技能

定价：38.00 元

《日本新干线 7 分钟清扫奇迹》：我们的商品不是清扫，而是“旅途的回忆”

定价：39.80 元

《像顾客一样思考》：不懂你，又怎样搞定你？

定价：38.00 元

《好服务是设计出来的》：设计，是对服务的思考

定价：38.00 元

《让头回客成为回头客》：回头客才是企业持续盈利的基石

定价：38.00 元

《餐饮连锁这样做》：日本餐饮连锁店经营指导第一人

定价：39.00 元

《养老院长的 12 堂管理辅导课》：90%的养老院长管理烦恼在这里都能找到答案

定价：39.80 元

《大数据时代的医疗革命》：不放过每一个数据，不轻视每一个偶然

定价：38.00 元

《如何战胜竞争店》：在众多同类型店铺中脱颖而出

定价：38.00 元

更多本系列精品图书，敬请期待！